Diminuez votre handicap au golf

Diminuez votre handicap au golf

Nick Wright

97-B, Montée des Bouleaux, Saint-Constant, Qc, J5A 1A9
Tél. : 450 638-3338, Téléc. : 450 638-4338
Internet : www.broquet.qc.ca
Courriel : info@broquet.qc.ca

TABLE DES MATIÈRES

Catalogage avant publication de Bibliothèque et Archives nationales du Québec et Bibliothèque et Archives Canada

Wright, Nick, 1967-

    Diminuez votre handicap au golf

    (À propos)

    Traduction de: Lower your golf handicap.

    Comprend un index.

    ISBN 978-2-89000-938-7

    1. Golf. 2. Golf - Entraînement. I. Titre. II. Collection: À propos (Broquet (Firme)).

GV965.W7414 2008   796.352   C2007-942319-1

Pour l'aide à la réalisation de son programme éditorial, l'éditeur remercie :

Le Gouvernement du Canada par l'entremise du Programme d'Aide au Développement de l'industrie de l'Édition (PADIÉ) ; La Société de Développement des Entreprises Culturelles (SODEC ; L'Association pour l'Exportation du Livre Canadien (AELC). Le Gouvernement du Québec – Programme de crédit d'impôt pour l'édition de livres – Gestion SODEC.

First published in Great Britain in 2006 under the title
Lower Your Golf Handicap by Pyramid, an imprint of
Octopus Publishing Group Ltd
2-4 Heron Quays, Docklands, London E14 4JP

© 2006 Octopus Publishing Group Ltd

Pour l'édition française
Traduction : Normand Lebeau
Révision : Marcel Broquet, Jeannine Renaud
Directrice artistique : Brigit Levesque
Infographie : Chantal Greer

Copyright © Broquet inc., Ottawa 2008
Dépôt légal — Bibliothèque nationale du Québec
1re trimestre 2008

Imprimé en Chine

ISBN 978-2-89000-938-7

Tout le monde s'accorde pour admettre que les méthodes de perfectionnement des techniques du golf ont progressées de façon étonnante au cours de la dernière décennie. Les méthodes d'enseignement se sont améliorées, les techniques mises de l'avant par les professeurs les plus réputés se sont uniformisées et l'analyse ultrarapide sur vidéo a permis d'accélérer le processus d'apprentissage en permettant à tous ceux et celles qui désirent améliorer leur jeu d'examiner leur technique jusque dans les moindres détails.

De plus, les golfeurs disposent aujourd'hui d'une panoplie de matériel didactique plus importante que jamais. Devant la multitude de ressources informatives qui s'offrent à eux tels que les livres, articles de magazine, sites Internet, vidéos, CD-ROM et disques DVD, les joueurs qui aspirent à rehausser leur niveau de jeu n'ont que l'embarras du choix. Grâce à tout ce matériel facilement accessible et aux fabricants qui mettent au point des bâtons de plus en plus légers et des balles aérodynamiques, il est compréhensible que l'abonné moyen des clubs de golf imagine qu'il verra son handicap diminuer à une vitesse foudroyante et qu'il ne s'agit assurément que d'une question de temps avant que tous les golfeurs de la planète se métamorphosent en maîtres golfeurs et réussissent la normale du parcours, battent des records et parviennent à s'inscrire dans des tournois comme celui des Maîtres (Masters) ou le US Open. Malheureusement, ceci n'est que du rêve et en réalité le handicap de l'abonné des clubs de golf moyen est demeuré pratiquement inchangé, se chiffrant aux environs de 24 pour les hommes et de 36 pour les femmes et cela, depuis au moins les dix dernières années.

Donc, pourquoi la grande majorité des golfeurs n'améliorent-ils pas leur jeu? La vérité et la principale raison, c'est que très peu de golfeurs sont suffisamment passionnés et disciplinés pour se donner la peine de pratiquer leurs coups sur une base régulière. Bien qu'il soit utile et recommandable de suivre un cours de golf et de consulter des livres sur le sujet, si vous ne consacrez pas suffisamment de temps à perfectionner vos

coups sur le terrain de pratique et que vous ne pratiquez pas vos coups d'approche et vos coups roulés, vous ne parviendrez jamais à mettre en œuvre vos connaissances théoriques. Il n'en demeure pas moins vrai que de nombreux golfeurs qui consacrent de longues heures de leur temps libre à pratiquer leurs coups ne réussissent pas pour autant à réduire leur handicap de façon significative. Pourquoi? Généralement, les golfeurs qui échouent utilisent une méthode inefficace ou n'ont pas établi leurs objectifs avec précision.

Ce guide a pour but de vous fournir toute l'information nécessaire pour réduire votre handicap de façon importante en l'espace de dix semaines. En plus d'améliorer votre attitude, votre approche mentale, votre maîtrise du parcours ainsi que votre technique et tous les aspects fondamentaux du jeu, vous devrez respecter à la lettre un programme de 10 semaines qui vous permettra de développer vos habiletés en optimisant le temps que vous y consacrerez. Au fur et à mesure de l'avancement du programme, vous apprendrez à identifier de façon ponctuelle les principales faiblesses qui nuisent de façon régulière à vos résultats.

L'objectif de ce guide n'est pas de vous aider à obtenir l'élan parfait. La plus grosse erreur que vous puissiez faire serait de vous fixer un objectif irréaliste, par exemple vouloir acquérir un élan aussi spectaculaire que celui de Nick Faldo pour devenir un meilleur joueur. Ce serait une perte de temps. Bien que ce guide regorge de conseils théoriques sur l'élan et l'aspect technique du jeu, je me ferai un point d'honneur de vous répéter constamment qu'il n'est pas nécessaire de posséder une technique impeccable pour devenir un golfeur avec un handicap inférieur à 10. Vous devez simplement acquérir une certaine maîtrise dans la plupart des aspects du jeu, particulièrement autour des verts. Il s'agit là d'un objectif accessible à la plupart des abonnés des clubs de golf.

Bonne chance et profitez bien des précieux conseils de ce guide.
Nick Wright

La première étape pour devenir un golfeur accompli en l'espace de dix semaines consiste à vous engager à consacrer du temps pour perfectionner votre jeu. Si vous n'affichez pas une attitude appropriée, de la détermination et si vous ne manifestez pas la volonté d'améliorer nettement votre technique dans le cadre de ce programme, vous trébucherez assurément dès que vous ferez face à un obstacle.

Cette première étape est la plus importante de tout le processus. Tout au long de la première partie du livre, nous vous rappellerons qu'il n'est pas nécessaire de posséder une technique sans faille pour devenir un golfeur accompli.

Dans cette section, vous apprendrez à vous fixer des objectifs réalistes et à utiliser des méthodes pour augmenter votre confiance et votre concentration.

Vous apprendrez également à sélectionner l'équipement qui est le plus approprié à votre niveau de jeu et quelques-unes des techniques de base pour maîtriser un parcours et des méthodes d'exercice qui vous permettront d'optimiser votre potentiel sur le terrain de golf et votre entraînement sur le terrain de pratique.

Les habiletés nécessaires dont vous avez besoin pour devenir un golfeur accompli

L'une des idées fausses les plus répandues chez les golfeurs possédant les handicaps les plus élevés et chez les débutants consiste à croire qu'il faut apprendre à exécuter un élan magique pour devenir un golfeur accompli. Ces mêmes golfeurs croient également que les joueurs de haut niveau possèdent des élans fluides, des techniques sans faille et qu'ils réussissent chaque fois à frapper la balle parfaitement au beau milieu de la zone de réponse maximale de la face du bâton. De toute évidence, ils sont dans l'erreur.

Il faut toutefois savoir que dans la plupart des cas, les joueurs qui possèdent un handicap de 9 ne sont pas meilleurs dans la majorité des aspects du jeu que le joueur moyen. Et contrairement à ce que vous pourriez croire, il n'est pas nécessaire de frapper la balle à plus de 225 mètres (250 verges) du tertre de départ, ni de réussir chaque coup de fer à la perfection ni d'être un magicien sur les verts et de caler chacun de vos roulés pour devenir un golfeur accompli.

La plupart des golfeurs disposent des habiletés physiques nécessaires pour jouer une bonne partie. Au nombre des facteurs qui les empêche de réaliser leur potentiel, on retrouve un manque de confiance en leurs moyens, de volonté, le refus de suivre des cours et de pratiquer les techniques enseignées, une méconnaissance du parcours ou simplement le fait de ne pas avoir joué suffisamment de parties pour s'améliorer. Les joueurs accomplis présentent divers profils. Certains sont incapables de réussir de bons coups de départ,

mais excellent avec les fers longs, réussissant à obtenir de bons résultats grâce à l'excellence de leurs coups d'approche et de leurs coups roulés, ce qui se traduit par des bogueys et des normales et leur permet d'obtenir de bons pointages. D'autres golfeurs qui excellent avec les bois s'avèrent incapables de capitaliser sur leurs longs coups de départ, car ils ne maîtrisent pas leurs fers et manquent de confiance sur les verts. Les joueurs plus âgés et plus expérimentés maintiennent un handicap moins élevé simplement parce qu'ils respectent leurs limites, gardent la balle en jeu et ne prennent pas de risques inutiles.

Pour amener votre handicap sous la barre de 10, il n'est pas nécessaire de maîtriser une facette particulière du jeu ni de posséder un talent hors du commun. Pensez au nombre de fois où il vous a fallu trois coups sur le vert durant votre dernière partie de golf. Vous penserez immédiatement à trois ou quatre coups ratés. Songez au nombre de coups que vous avez ratés suite à de mauvaises décisions, aux bogueys que vous avez obtenus et ce qui est plus décevant, en employant un bâton ne convenant pas à la situation.

Additionnez tous ces coups et vous constaterez que vous perdez, de façon régulière, environ huit ou neuf coups par partie. Éliminez ces coups et vous aurez déjà parcouru la moitié du chemin vers un handicap inférieur à 10.

LA CONFIANCE

L'importance de la pensée positive. Il n'est pas de meilleur atout que la confiance sur un terrain de golf. Lorsque tout va bien et que vous êtes en parfait contrôle de votre partie, vous avez l'impression qu'aucun objectif n'est trop élevé. Malheureusement, ce n'est pas le lot quotidien du golfeur amateur car ces occasions se présentent rarement aux golfeurs amateurs.

L'une des conditions essentielles pour connaître une bonne partie consiste à se plonger le plus souvent possible dans cet état d'esprit.

PATIENCE

L'habileté à se forger un bon résultat. Les commentateurs sportifs de la télévision font référence à un joueur qui se forge un bon résultat. Le joueur qui n'est pas au sommet de sa forme, a peine à obtenir de bons coups, mais parvient tout de même à obtenir un résultat acceptable, généralement en réussissant à jouer la normale sans prendre de risques inutiles comme de tenter un oiselet.

Les professionnels de haut niveau sont capables de transformer une partie médiocre de 74 en 70 simplement en demeurant calmes et en attendant que les occasions favorables se présentent. Pour un joueur de votre niveau, cette capacité à transformer un pointage de 85 à 80 est d'une grande utilité. L'utilisation du gros bon sens vous fera économiser de nombreux coups tout au long de la saison de golf.

CONSCIENCE

Observez et apprenez. Les meilleurs golfeurs sont très observateurs sur le terrain et vérifient autant la puissance et la direction du vent que l'emplacement des obstacles et les zones potentiellement dangereuses.

Assurez-vous de surveiller de près les coups de vos partenaires de golf et d'observer à quel endroit leur balle se pose dans l'allée ou sur le vert. Ainsi, vous pourrez utiliser cette information pour vous aider à jouer un meilleur coup.

DISCIPLINE

Ne cédez pas à la tentation de vouloir jouer la meilleure partie de votre vie. L'autodiscipline est un atout précieux sur un terrain de golf. La plupart des golfeurs gaspillent de nombreux coups en prenant de mauvaises décisions et en essayant des coups de récupération dont le niveau de difficulté est très élevé. Vous devez connaître et respecter vos limites et ne jamais tenter des coups qui sont hors de votre portée.

CROIRE EN SES CAPACITÉS

Si vous ne croyez pas en vos capacités, personne ne le fera à votre place. Vous aurez toujours de la difficulté à devenir un joueur accompli si vous ne croyez pas posséder le talent pour y parvenir. Songez au nombre d'occasions où vous avez enregistré un pointage favorable pendant 14 ou 15 trous, puis que vous avez fait le total des coups joués en consultant votre carte de pointage et constaté que si vous mainteniez un pointage d'un seul coup au-dessus de la normale pour quatre trous pour le reste du parcours, vous réussiriez à jouer sous 100, 90 ou même 80? Et que se produit-il alors? Votre jeu se détériore, vous perdez votre concentration et votre confiance et vous gâchez votre partie!

Évitez de vous fixer des limites susceptibles de vous empêcher de progresser. Faites en sorte d'obtenir le meilleur résultat possible plutôt que de vous fixer des objectifs précis, par exemple jouer 90 ou 80.

CONCENTRATION

Réfléchissez avant de jouer. La concentration nécessaire au jeu n'exige pas nécessairement que vous vous repliez sur vous-même au point de ne pas adresser la parole à vos partenaires de jeu durant la totalité du parcours. Vous devez simplement vous concentrer au moment de préparer votre coup et lorsque vous frappez la balle.

Entre-temps, vous pourrez faire comme bon vous semble, pour autant que vous ne perdiez pas votre rythme. Toutefois, vous devez vous concentrer entièrement sur votre coup au moment de frapper la balle.

Première étape : fixez-vous des objectifs raisonnables

L'établissement d'objectifs constitue un élément essentiel dans l'amélioration de votre jeu. Il va sans dire que si vous ne savez pas exactement ce que vous recherchez, il serait étonnant que vous réussissiez à atteindre un objectif quelconque. Plus votre objectif est précis, meilleures sont vos chances d'y parvenir, car votre cerveau concentrera ses efforts sur cet objectif. Pour vous assurer qu'ils soient efficaces, vos objectifs doivent respecter les critères suivants :

PRÉCISION

Plus un objectif est précis, meilleures sont les chances de l'atteindre. En ce qui a trait au présent guide, l'objectif consiste simplement à réduire votre handicap à 9,4 en l'espace de dix semaines en vous conformant à un programme d'entraînement destiné à améliorer votre jeu.

ÊTRE MESURABLES

Tous les objectifs se doivent d'être mesurables. Dans le cas présent, vos résultats, tant dans un contexte compétitif que convivial vous permettront d'évaluer votre niveau de rendement et de progresser de façon régulière.

ATTEIGNABLES

Il s'agit indubitablement de l'élément le plus difficile dans le processus d'établissement des objectifs, car d'un côté, si un objectif trop facile ne présente pas d'intérêt, vouloir obtenir un handicap de + 1 en dix semaines est irréaliste pour un golfeur dont le handicap se chiffre à 28. Vous devez vous fixer un objectif qui vous permettra de vous dépasser sans pour autant être hors de portée.

RÉALISTES

Peu importe l'objectif fixé, celui-ci se doit d'être réaliste. Un débutant qui voudrait réduire son handicap à moins de dix en l'espace de dix maigres semaines place la barre un peu trop haute, alors qu'un golfeur possédant un handicap de moyen à élevé devrait être en mesure de réduire son pointage de sept ou huit coups dans un même délai.

LIMITES DE TEMPS

Pour que votre objectif soit efficace, il doit s'inscrire dans une limite de temps bien définie. Une fois de plus, ce n'est pas difficile à contrôler. Votre objectif consiste à atteindre votre nouvel handicap dans un délai de dix semaines tel que recommmandé dans ce guide.

Adoptez une approche positive face au golf

Les fosses de sable dans les allées, les obstacles d'eau imposants, les verts rapides et les allées étroites constituent un ensemble de défis auxquels il faut faire face et surmonter à un moment ou l'autre. Toutefois, sur un terrain de golf, vous êtes généralement votre principal adversaire. Combien de fois avez-vous pensé que vous alliez effectuer des coups de départ trop longs, rater vos coups d'approche ou vos coups roulés de courte distance ? Combien de fois avez-vous pris position sur le tertre de départ en pensant à tout ce qui pourrait aller mal plutôt qu'aux possibilités de réussir un bon coup ? La première étape de votre périple vers un handicap inférieur à 10 doit commencer par un abandon immédiat de ce dialogue intérieur négatif qui n'a d'autre fonction que de miner votre confiance personnelle.

VISUALISEZ-VOUS DÈS MAINTENANT EN GOLFEUR ACCOMPLI

Lorsque vous aurez établi vos objectifs pour les prochains mois et au-delà, quelle sera la prochaine étape obligée pour devenir un golfeur accompli ? Ayez confiance en votre technique, faites-vous un plan pour la partie et conservez une attitude positive chaque fois que vous êtes sur le terrain de golf.

Une règle de psychologie dit que : « votre pensée façonne votre avenir ». Commencez à vous percevoir comme un joueur accompli. Imaginez ce que cela implique, de quelle façon vous penseriez sur le terrain, la façon dont vous envisageriez le jeu et votre niveau de confiance si vous étiez un joueur accompli.

ÉVITEZ LES ERREURS MENTALES COÛTEUSES

Tous les joueurs commettent des erreurs. Bien que les erreurs physiques soient acceptables et prévisibles, les erreurs mentales consécutives à de mauvaises décisions, sont elles, totalement évitables. Vous pouvez éliminer ce cancer dès maintenant et accomplir des progrès immenses sur cet aspect du jeu de façon presque instantanée.

Songez à votre dernière partie de golf et faites le décompte de tous les coups que vous avez gaspillés. Il y a fort à parier que si un mauvais coup est à l'origine d'un boguey ou d'un résultat encore pire, qu'une erreur mentale est responsable de ce coup raté. Envisagez chacun de vos coups de façon constructive. Planifiez chacun d'entre eux et soupesez les différents scénarios dans votre tête avant de vous élancer. Vous devez constamment vous demander s'il s'agit de la meilleure façon de jouer ce coup. Si malgré toute cette préparation, vous ratez encore votre coup,

dites-vous que cela fait partie du golf et vous aurez au moins la satisfaction d'avoir fait votre possible en vous préparant de façon professionnelle.

SURMONTEZ VOTRE CRAINTE DE L'ÉCHEC

La crainte de l'échec représente sans l'ombre d'un doute l'élément le plus important qui empêche les golfeurs amateurs de jouer selon leur plein potentiel. Posez-vous cette question simple : « pourquoi suis-je capable de frapper la balle avec confiance et de réussir un coup parfait au moyen d'un élan fluide sur le terrain d'exercice et que le jour suivant, je me retrouve au premier trou d'une compétition de club de golf et que je suis dans tous mes états, nerveux au point d'avoir peine à éloigner le bâton de la balle»? Seriez-vous devenu un mauvais joueur du jour au lendemain ou votre élan est-il subitement devenu défectueux? Bien sûr que non! La vérité c'est que vous n'éprouvez aucune crainte d'échec lorsque vous êtes sur le terrain de pratique. Contrairement au véritable terrain, vous ne pouvez perdre votre balle, faire de doubles ou de triples bogueys et vous ne vous exposez pas à des conséquences fâcheuses comme des coups de pénalité lorsque vous frappez la balle au mauvais endroit; il vous suffit de prendre une autre balle dans le panier et de tenter de faire mieux.

Votre objectif ultime doit consister à adopter une attitude détachée lorsque vous vous présentez sur le terrain et comme première étape vers cette attitude, vous devez vous engager à ne plus jamais effectuer d'élan sans enthousiasme. Faites un pacte avec vous-même afin d'y aller chaque fois du meilleur élan possible et de jouer chaque coup exactement comme vous le désirez. Ce comportement est difficile à adopter dans un tournoi ou même dans le cadre d'une partie entre amis et nous vous conseillons d'aller disputer quelques neuf trous par vous-même afin de ne pas vous inquiéter de l'effet de votre nouvelle attitude sur vos adversaires ou partenaires de jeu.

Il est entendu que vous ne pourrez pas frapper la balle parfaitement à chaque coup. Vous continuerez d'effectuer des coups indésirables, vous ferez de mauvais calculs, puis à l'occasion, votre balle ira se loger dans un arbre, mais c'est tout à fait normal, car cela fait partie du jeu. En fait, si vous vous concentrez à 100 pour cent sur chacun de vos coups, il vous sera beaucoup plus facile de garder la balle en jeu que si vous essayez de diriger votre balle vers l'allée.

Vous vous sentirez également plus détendu en sachant que vous jouez exactement comme vous le désirez, plutôt que de passer quatre heures sur le terrain à penser à ce que vous ne voulez pas faire et à en redouter les conséquences.

SOUVENEZ-VOUS QUE TOUS LES TROUS SONT IMPORTANTS ET NON SEULEMENT LES PREMIERS

Un des problèmes les plus importants pour les golfeurs de tous les niveaux, même chez les professionnels de haut niveau, consiste à se rattraper pour compenser un mauvais début de partie. Presque tous les golfeurs se présentent au premier trou avec des attentes élevées et espèrent connaître un match du tonnerre et il est difficile de ne pas se fâcher ou de se décourager après avoir nourri des attentes élevées lorsqu'ils récoltent un double boguey, surtout si c'est au premier trou. Toutefois, vous devez vous rappeler que bon nombre de golfeurs de haut niveau ont inscrit des records et remporté des tournois après avoir connu des débuts de parties plutôt moches.

Prenons l'exemple de Tiger Woods au tournoi Masters de 1997. Après avoir complété neuf trous de sa première partie, il s'est retrouvé sur le tertre de départ du 10e trou avec quatre coups au-dessus de la normale, semblant se diriger vers un résultat décevant et risquant même d'être éliminé du tournoi. Au lieu de se décourager et de se laisser envahir par des pensées négatives, le tigre du circuit professionnel s'est ressaisi et obtenu une impressionnante série d'oiselets et joué du golf presque parfait durant les 63 derniers trous du tournoi. Il termina donc le tournoi avec 12 trous de mieux que son plus proche rival et son résultat final étonnant de 18 trous sous la normale s'avéra un record. N'est-ce pas là un exemple éloquent de l'importance de tous les trous dans une partie de golf?

COMMENT RENFORCER VOTRE JEU MENTAL

Visualisez chacun de vos coups avant de les jouer. Imaginez-vous en train d'effectuer votre meilleur élan et d'établir un contact parfait avec la balle. Représentez-vous le vol et la trajectoire de votre balle et voyez-la atterrir près de l'endroit visé. Conservez cette image en tête en jouant votre coup et essayez de la voir avec le plus de précision possible afin qu'elle semble plus réelle. Vous pouvez faire cet exercice à la maison comme sur le terrain.

Choisissez des objectifs de petite dimension

Les professionnels de haut niveau ne frappent jamais une balle avant d'avoir établi un objectif et vous devriez les imiter. L'établissement d'un objectif offre à votre cerveau une tâche sur laquelle se concentrer. Si vous vous fixez un objectif quelconque dans l'allée ou sur le vert qui n'est pas assez précis, votre jeu risque d'être médiocre. Vous devez opter pour un objectif de petite dimension, par exemple un petit buisson situé à une certaine distance ou une petite portion du vert. Cette attitude vous permettra de mieux vous concentrer sur l'objectif visé, d'améliorer votre concentration et de réduire votre marge d'erreur.

Une partie de golf ne dépend pas que de vos bons coups, car c'est la qualité de vos coups ratés qui influence votre pointage.

Concentrez-vous à 100 pour cent sur chacun de vos coups

Ce qui différencie le plus un golfeur professionnel d'un amateur, c'est la capacité pour le professionnel de se ressaisir après avoir effectué un mauvais coup et de se concentrer totalement sur le prochain. Malheureusement, le golfeur amateur est davantage porté à perdre confiance si son premier coup est raté. Donner le meilleur de soi à chacun de ses coups est l'un des principaux facteurs pour réussir une bonne partie de golf. Des élans peu inspirés et un jeu nerveux augmentent les risques d'effectuer un mauvais coup. Pour bien jouer, vous devez donner le meilleur de vous-même en tout temps.

Concentrez-vous sur vos objectifs

Combien de fois vous êtes-vous installé pour frapper votre balle tout en tenant un dialogue intérieur du genre : «je ne veux pas l'envoyer dans l'eau ni dans la fosse de sable» ou : «je dois pas faire un coup de départ trop long», ce qui vous mènera à quoi au juste ? Fort probablement à effectuer le coup que vous ne voulez pas réaliser, mais sur lequel vous concentrez vos pensées.

Vous devez modifier votre dialogue intérieur de façon à vous concentrer sur ce que vous désirez accomplir et non l'inverse.

Concentrez-vous sur le coup et non l'élan

L'une des principales erreurs consiste à présumer que si votre élan est réussi, votre coup le sera également. Ce n'est pas nécessairement vrai, car il est possible de réussir de bons coups avec des élans ratés et des coups ratés avec des élans parfaits. Dorénavant, pensez davantage au coup que vous désirez réussir et non à votre élan. La réussite d'un bon coup devrait automatiquement améliorer votre élan.

Tenez compte des obstacles, mais n'y accordez pas trop d'attention

Les obstacles : fosses de sable, arbres, eau et herbe longue font partie intégrante d'un terrain de golf et il serait ridicule de vous conseiller de les ignorer au moment de planifier votre coup. Tiger Woods dit qu'il tient toujours compte de la position des obstacles, mais qu'une fois qu'il a utilisé cette information pour l'aider à choisir son bâton et sa stratégie, il les oublie pour se concentrer entièrement au coup qu'il a en tête. Nous vous conseillons de l'imiter.

N'insistez pas sur vos mauvais coups durant une partie

Il est difficile de ne pas être ennuyé ou frustré suite à un coup particulièrement raté, mais insister sur vos erreurs ne ferait qu'empirer les choses.

Au lieu de vous concentrer sur les mauvais coups que vous avez joués durant la partie, pensez donc plutôt aux bons. Faites de même, une fois la partie terminée, lorsque vous en ferez l'analyse. Nous aimons tous, après la partie, nous asseoir avec nos partenaires de jeu et parler de ce qui aurait pu se produire si nous avions pu faire moins de trois coups roulés au 5e trou, réussi un coup d'approche au 15e ou si nous n'avions pas frappé la balle hors des limites au dernier trou. Au lieu de vous remémorer les pires coups, concentrez-vous sur les meilleurs. Visualisez ces bons coups à plusieurs reprises.

Une réserve de souvenirs positifs vous sera utile lorsque vous vous sentirez nerveux ou anxieux avant de jouer et vous insufflera la confiance nécessaire pour réussir un bon coup.

Passez votre équipement en revue

Les golfeurs amateurs ont tendance à négliger un aspect pourtant important, c'est-à-dire celui de prendre le temps de choisir un équipement qui leur convient. La plupart des golfeurs achètent des bâtons « réguliers » directement sur les tablettes des boutiques de sport, souvent après avoir vu des messages publicitaires télévisés ou dans une revue spécialisée sur le golf qui les a convaincus que les bâtons extraordinaires de tel ou tel fabricant transformeraient leur jeu du jour au lendemain. Dans plusieurs cas, ces golfeurs n'essaient même pas les bâtons avant de les acheter.

Investissez dans un nouvel ensemble de bâtons si le cœur vous en dit, mais assurez-vous au préalable d'aller frapper des balles de pratique avec des bâtons semblables à ceux que vous désirez acheter avant de prendre votre décision finale. Demandez au détaillant d'ajuster vos bâtons en fonction de votre physique et de votre élan. La plupart des boutiques spécialisées et des pros incluent un service d'ajustement des bâtons gratuit.

POURQUOI VOUS DEVRIEZ EMPLOYER DES BÂTONS AJUSTÉS SUR MESURE ?

Il est étonnant de constater le nombre de golfeurs amateurs qui jouent avec des bâtons qui ne conviennent ni à leur élan, ni à leur physique.

En modifiant la longueur et la flexibilité de la tige ainsi que l'angle de la face du bâton par rapport à la position de la balle, les bâtons peuvent être ajustés en fonction de la grandeur, du physique et de la vitesse de l'élan des joueurs. Il est même possible de faire ajuster vos bâtons de façon à ce qu'ils remédient à votre crochet extérieur ou à votre crochet intérieur.

Vous n'atteindrez jamais votre plein potentiel si vous jouez avec des bâtons qui ne sont pas compatibles avec votre élan individuel, votre grandeur et votre gabarit. Il est possible que vous soyez en mesure de réussir des coups parfaits avec ces bâtons la plupart du temps, car vous vous adapterez instinctivement à ces bâtons, mais il est de loin préférable d'adapter les bâtons à votre élan plutôt que l'inverse.

COMMET FAIRE MODIFIER VOS BÂTONS OU LES FAIRE FAIRE SUR MESURE

Les avantages d'un bâton adapté au joueur sont reconnus par les boutiques de pros et les boutiques spécialisées dans l'équipement de golf, la plupart d'entre eux incluant même ce service gratuitement. Cependant, il est toujours possible de faire ajuster les bâtons que vous utilisez actuellement. Un spécialiste dans l'ajustement des bâtons évaluera votre élan, votre physique et modifiera votre ensemble, de façon à ce qu'il s'harmonise à vous en modifiant l'angle de la tête du bâton par rapport au manche et en y incorporant de nouveaux manches. Il s'agit d'une alternative économique au lieu de dépenser beaucoup d'argent en faisant l'acquisition de nouveaux bâtons, surtout si vous vous êtes habitué à votre ensemble de bâtons.

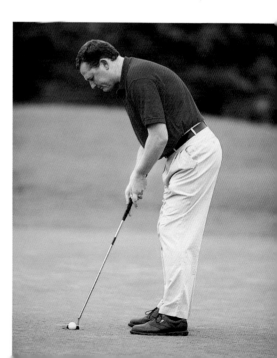

INVESTISSEZ DANS VOS COCHEURS

Plus de deux tiers des coups joués durant une partie de golf sont frappés à une distance de 55 à 65 mètres (60 à 70 verges) du vert, soit la principale zone d'emploi du cocheur. La plupart des professionnels de haut niveau disposent d'au moins trois cocheurs, un cocheur d'allée, un pour les fosses de sable ainsi qu'un autre pour les coups d'approche lobés.

Il serait utile d'ajouter un cocheur d'allée à votre ensemble de bâtons. La plupart des golfeurs amateurs auront besoin d'utiliser régulièrement un cocheur au cours d'une partie, mais emploieront rarement les fers 2 ou 3. Songez plutôt à laisser de côté un des fers longs que vous n'employez pas souvent en faveur d'un cocheur spécialisé. Ainsi, vos coups de courte distance s'amélioreront de façon spectaculaire.

NE NÉGLIGEZ PAS ET N'OUBLIEZ SURTOUT PAS VOTRE FER DROIT

Au cours d'une partie, vous utiliserez votre fer droit au moins deux fois plus souvent que votre bois 1 et il serait donc avisé d'investir un peu plus de temps et d'argent afin de choisir un modèle avec lequel vous vous sentirez à l'aise et susceptible de convenir à votre façon d'exécuter les coup roulés.

Comme pour les autres bâtons de votre ensemble, les fers droits sont offerts avec plusieurs options quant à la longueur du manche et aux angles de la tête du bâton par rapport au manche, ce qui veut dire que vous devez prendre le temps de l'essayer avant d'en faire l'achat. Un fer droit qui vous inspire confiance lorsque vous le tenez dans vos mains et que vous regardez la balle vaut son pesant d'or. N'hésitez donc pas à prendre le temps nécessaire pour choisir un style et une marque qui vous inspirent.

Pour obtenir le plus de régularité possible, veuillez employer des balles de golf de mêmes marque et modèle.

LISTE DE VÉRIFICATION DE COMPATIBILITÉ AVEC VOTRE BÂTON

Vérifiez et changez régulièrement vos poignées et si elles sont usées ou luisantes, remplacez-les immédiatement. Les poignées glissantes produisent des élans hésitants et une perte de contrôle du coup.

Vérifiez les angles d'ouverture et de la tête du bâton par rapport au manche une fois l'an. Demandez à un spécialiste de l'ajustement des bâtons de vérifier les vôtres au début de chaque saison afin de vous assurer que votre équipement demeure adéquat.

Trouvez le manche qui correspond à votre élan. Si vos manches sont trop flexibles pour la vitesse de votre élan, vous aurez peine à contrôler la balle et vous obtiendrez vraisemblablement des crochets intérieurs et des coups frappés directement à la gauche ou à la droite de l'objectif. Si vos manches sont trop raides pour la vitesse de votre élan, vous aurez de la difficulté à produire suffisamment de puissance au moment de l'impact pour frapper la face du bâton de façon égale et vous obtiendrez probablement un crochet extérieur ou la balle sera déviée vers la droite.

POUR PLUS DE RÉGULARITÉ, IL EST RECOMMANDÉ DE TOUJOURS EMPLOYER DES BALLES DE GOLF DE MÊMES MARQUE ET MODÈLE

Si vous avez l'occasion d'examiner l'équipement d'un golfeur amateur moyen, vous trouverez un mélange de balles de golf usées et de nouvelles, toutes de différentes marques et modèles.

Bien que je vous recommande de prendre le temps d'expérimenter plusieurs types de balles différents afin d'en trouver une avec laquelle vous serez le plus à l'aise, il est peut-être encore plus important de s'en tenir à une sorte de balle. Il existe parfois une différence énorme entre les caractéristiques de jeu d'une balle conçue pour la distance et une autre conçue pour la précision. Lorsque que vous aurez joué pendant un certain temps avec le même type de balle, vous améliorerez votre connaissance de cette balle et vous saurez comment elle réagit à la face du bâton pour un coup spécifique.

Aptitudes simples de maîtrise du terrain

La plupart du temps, le golf amateur comprend de nombreuses erreurs volontaires. Des erreurs aussi simples que de tenter un coup d'approche lobé pour passer par-dessus une fosse de sable, employer un bâton qui n'est pas suffisamment puissant, ne pas tenir compte du facteur vent et essayer des coups que le joueur a peu de chances de réussir. Vous seriez surpris de constater le nombre de coups que vous pourriez éliminer immédiatement en changeant votre façon de jouer.

Bien maîtriser un parcours consiste à jouer en fonction de ses points forts tout en étant conscient de ses limites. Bref, maîtriser un parcours de golf suppose la capacité de vous déplacer de la façon la plus sensée sur le terrain en conservant la balle en jeu, le plus loin possible des obstacles, tout en exploitant vos points forts au maximum.

VOUS DEVEZ CONNAÎTRE LE MÉTRAGE DE CHACUN DE VOS BÂTONS

Il est essentiel de connaître la distance à laquelle il est possible de frapper avec chacun de vos bâtons pour établir une stratégie pour chacun des coups. Si vous ne disposez pas de cette information, votre choix de bâton se fera tout simplement au hasard.

Pour terminer, ne laissez pas votre fierté vous empêcher d'inscrire avec précision le nombre de mètres que vous frappez avec chacun des bâtons de votre sac. La majorité des golfeurs amateurs prétendent frapper leur balle à 137 mètres (150 verges) avec leur fer 7, mais si on tient compte du fait que Nick Price frappe à seulement 142 mètres (155 verges) avec le sien, il est plus qu'improbable que le joueur moyen abonné à un club de golf ne frappe que cinq mètres de moins qu'un joueur de ce calibre. En réalité, la plupart des amateurs sont plus près de 119 mètres (130 verges) avec un fer 7.

Apportez dix balles sur le terrain de pratique. Une fois que vous aurez frappé vos dix balles, déplacez-vous sur le terrain, idéalement en employant un ruban à mesurer. Ne tenez pas compte de vos deux meilleurs et de vos deux pires coups, mesurez les six autres balles et faites la moyenne. Que cela vous plaise ou non, il s'agira de la distance avec laquelle vous frappez avec ce bâton. Répétez l'expérience avec chacun de vos bâtons et vous obtiendrez une séance de pratique des plus profitables.

DÉCOUVREZ VOTRE MEILLEUR COUP ET CONNAISSEZ VOS FAIBLESSES

Vous n'avez pas besoin de posséder une technique élaborée pour devenir un golfeur accompli. Dans plusieurs cas, un élan répétitif suffit à reproduire régulièrement un type de coup et vous permettre de garder la balle en jeu et d'éviter les ennuis sur le terrain.

Pour devenir un golfeur accompli, vous devez mettre au point un coup sur lequel vous pourrez compter en toute situation, peu importe le niveau de pression. Il serait également utile d'être conscient de vos erreurs d'élan. Sachez que même les meilleurs golfeurs au monde doivent vivre avec quelques petites lacunes qui reviennent constamment les hanter.

Familiarisez-vous avec votre talon d'Achille, de sorte que vous sachiez ce que vous devez surveiller et la façon dont cette lacune peut nuire à votre jeu. Il est parfois difficile de corriger les erreurs au cours d'une mauvaise partie, mais la capacité d'identifier la cause de ces mauvais coups est un outil précieux pour le golfeur amateur.

FAITES EN SORTE QU'UN BOGUEY SOIT VOTRE PIRE RÉSULTAT SUR TOUT LE PARCOURS

Limiter les dommages joue un rôle capital dans le cheminement du golfeur amateur vers un handicap inférieur à 10. Comme je l'ai déjà mentionné, votre jeu n'a pas besoin d'être impeccable pour devenir un bon joueur, car à ce niveau vous n'en continuerez pas moins de faire des bogueys. Toutefois, cette aptitude vous permet d'éviter des résultats désastreux, surtout lorsque vous ratez un ou deux coups sur un même trou, suite à une erreur mentale et une mauvaise préparation. Pour maintenir un pointage peu élevé, la solution consiste à adopter le principe voulant que si vous ne parvenez pas à jouer la normale, le pire qui puisse arriver, peu importe le trou, sera de faire un boguey. Colin Montgomerie dit souvent que les bogueys ne font pas grimper le pointage trop rapidement, alors que les doubles et les triples bogueys provoquent une montée en flèche.

Vous devez être conscient que le fait d'adopter cette stratégie ne signifie pas pour autant que vous devez rater un coup chaque fois que vous ferez face à une difficulté sur le parcours, mais plutôt que vous ne devriez pas vous laisser aller

et commettre encore plus d'erreurs. En d'autres termes, vous devriez toujours opter pour le coup le plus sûr au lieu de prendre un risque.

UTILISEZ VOTRE BÂTON PRÉFÉRÉ DANS LES SITUATIONS CORSÉES

Chaque partie de golf comporte immanquablement des coups joués sous pression. Dans ces situations, il est souvent préférable que votre confiance soit optimale en employant votre bâton préféré pour jouer le coup, de façon à ce que vous soyez plus confiant au moment de frapper la balle. Ce truc est particulièrement efficace pour surmonter la nervosité souvent présente sur le premier tertre de départ. Au lieu de tenter ce coup avec votre bois 1, pourquoi ne pas employer vos fers 4, 5 ou même 7? Il est de loin préférable d'atteindre 137 mètres (150 verges) et de loger sa balle au milieu de l'allée que de frapper 164 mètres (180 verges) et de l'envoyer dans un arbre.

NE VOUS FIEZ PAS À VOTRE MEILLEUR COUP POUR ÉVITER UN OBSTACLE

Lorsqu'un lac ou un autre obstacle entoure le vert, vous disposez de deux options : frapper à courte distance pour l'éviter ou envoyer votre balle par-dessus l'obstacle. Peu importe la décision que vous prendrez, il est essentiel de savoir à quelle distance se trouve l'eau et la distance qu'il vous faut atteindre pour éviter d'y plonger votre balle. Ceci ressemble au gros bon sens, mais vous seriez étonné de constater le nombre de golfeurs qui prennent leur décision sans tenir compte du nombre de verges qu'il leur faut atteindre. Si vous décidez de déposer la balle au moyen d'un coup de courte distance, assurez-vous de ne pas l'envoyer directement au bord de l'obstacle d'eau. En revanche, si vous optez pour le long coup, ne vous fiez pas à votre meilleur coup pour y parvenir. Allez-y toujours pour le coup le plus facile à réaliser et non celui qui vous demandera le plus de précision possible.

ESSAYEZ DE NE PAS FRAPPER LA BALLE TROP HAUT AUTOUR DES VERTS

L'une des erreurs les plus fréquentes et les plus coûteuses commises par les golfeurs amateurs dans tous les aspects du jeu consiste à tenter un coup spectaculaire alors qu'un coup simple ferait parfaitement l'affaire. Ceci est particulièrement important lorsque vous effectuez un coup d'approche à proximité du vert. S'il n'y pas d'obstacles comme de l'herbe longue, une fosse ou un sol inégal entre votre balle et le trou, il n'y a aucune raison pour laquelle vous devriez soulever votre balle. Rappelez-vous cette équation de base : réduction de l'angle d'ouverture = mouvement réduit des poignets = marge d'erreur réduite.

FRAPPEZ VOTRE BALLE À ÉGALITÉ DU DRAPEAU AU MOYEN DE COUPS D'APPROCHE POUR RÉDUIRE LA PRESSION DES COUPS ROULÉS

L'une des principales raisons pour lesquelles il est si important que vous sachiez à quelle distance vous frappez avec chacun de vos bâtons consiste à frapper la balle à égalité du drapeau avec vos coups d'approche en direction du vert. Si vous parvenez à frapper la balle de niveau avec le trou, une balle qui se posera 9 mètres (dix verges) hors ligne ne se trouvera qu'à 9 mètres (30 pieds) du trou, ce qui vous permet d'espérer caler votre coup roulé. Si votre coup d'approche se loge 9 mètres (dix verges) hors ligne et donc trop court de neuf mètres, votre balle se trouvera probablement hors du vert et vous devrez effectuer un coup d'approche ordinaire ou lobé difficile pour réussir à jouer la normale.

RELÂCHEZ LA PRESSION POUR VOS COUPS ROULÉS DE LONGUE DISTANCE

Il n'est pas nécessaire de viser absolument le coup roulé d'un coup lorsqu'il s'agit de coups roulés de moyenne et de longue distance. La plupart des golfeurs frappent trop souvent trois coups roulés et ce principalement parce que leur premier coup roulé d'approche n'est pas assez fort ou trop fort. Vous ressentirez beaucoup moins de pression en visualisant une zone circulaire de 45 centimètres (18 pouces) autour du trou, dans laquelle vous devez faire rouler la balle. Il importe peu que votre coup roulé soit trop court ou trop long de 45 centimètres (18 pouces), à droite, ou à gauche du trou, car tous ces coups sont de petits coups secs.

REGARDEZ UN TOURNOI DE GOLF SUR DVD

Pour vous aider à mieux comprendre la façon dont vous devriez vous comporter sur le terrain, regardez un tournoi de golf à la télévision et observez attentivement la façon dont les joueurs se déplacent sur le terrain. Vous constaterez qu'ils s'en tiennent à une routine bien précise, même lorsqu'ils sont soumis à une très forte pression et se tirent d'embarras lorsqu'ils sont dans une position délicate.

COMMENT CONCLURE LE TROU SUR LE VERT

Beaucoup de pensées vous passeront par la tête suite à un coup d'approche raté qui vous positionne à une faible distance de 1 mètre à 1,2 mètre (trois ou quatre pieds) du trou. Vous vous en voudrez d'avoir raté votre coup, mais peu importe votre état d'esprit, il est peu probable que cela vous aide à vous concentrer sur le prochain coup. Vous pouvez éliminer beaucoup de coups roulés courts ratés simplement en adoptant une attitude mentale positive et en vous concentrant sur votre préparation habituelle au coup roulé.

Comment pratiquer de façon efficace

Comme vous ne disposez que de dix semaines pour atteindre votre objectif, vous devrez prévoir du temps pour pratiquer régulièrement vos coups.

Dans la deuxième section de ce guide, je vous ferai connaître les exercices de pratique du programme, des séries d'exercices et des routines qui vous permettront d'identifier vos problèmes et d'améliorer tous les aspects de votre jeu. Dans la plupart des cas, vous devrez effectuer régulièrement des séries d'exercices afin d'intégrer rapidement ces nouvelles techniques à votre jeu. Toutefois, afin de continuer à vous améliorer une fois votre programme d'entraînement terminé ou même d'améliorer ou d'accélérer votre progression au cours de ces dix semaines, vous devrez apprendre à vous entraîner efficacement.

Pour la majorité des golfeurs, la pratique consiste à frapper des balles, mais tout simplement pour se délier les muscles et faire de l'exercice. Si vous désirez obtenir des résultats, vous devez vous fixer des objectifs pour chacune des séances de pratique.

METTEZ AU POINT UNE ROUTINE QUOTIDIENNE DE PRATIQUE ET RESPECTEZ-LA

Comme il en va de l'établissement de vos objectifs, plus votre horaire de pratique sera structuré et détaillé, mieux ce sera. Durant les dix semaines du programme de perfectionnement, vous devrez travailler chaque jour sur au moins un aspect de votre jeu. Je vous recommande de ménager un peu de temps chaque jour pour votre pratique. Prenez-en note dans votre agenda et planifiez le reste de votre horaire en fonction de ce programme.

SOUVENEZ-VOUS QUE LA QUALITÉ VAUT MIEUX QUE LA QUANTITÉ

Nous savons tous à quel point il est tentant de prendre son bois 1 et de pratiquer ses coups de départ sur le terrain de pratique, mais frapper des balles à une longue distance au hasard n'est pas de nature à améliorer votre jeu. Vu que la plupart des golfeurs occupent vraisemblablement un emploi à plein temps et ont d'autres responsabilités qui les occupent passablement, le temps dont ils disposent sur le terrain de pratique devient donc important et il leur faut l'employer de façon optimale.

La prochaine fois que vous vous rendrez au terrain de pratique, optez pour le panier de balles moyen et essayez de prendre autant de temps pour frapper vos balles que si vous vous attaquiez à un panier grand format. Prenez le temps de bien vous concentrer sur chacun de vos coups, qu'il s'agisse de sentir le coup, de l'élan, ou d'un type de trajectoire spécifique.

NE LAISSEZ PAS LES MAUVAIS COUPS VOUS DISTRAIRE DE VOS OBJECTIFS D'ENTRAÎNEMENT

Le but de la pratique n'est pas nécessairement de frapper des coups parfaits. C'est souvent ce qui arrive lorsque vous perfectionnez certains de vos coups, que vous essayez un nouveau mouvement ou que vous vous concentrez sur votre élan. Vous ne parvenez pas nécessairement à frapper la balle comme vous le voudriez. À cette étape, ce n'est pas très important et vous ne devriez pas revenir à votre ancien élan uniquement pour réussir des coups plus précis. Si l'objectif de votre séance d'entraînement consiste à améliorer l'efficacité de votre mouvement du poignet dans la montée, vous devez en faire votre priorité et ne pas vous concentrer sur le coup parfait.

CONSACREZ PLUS DE TEMPS À AMÉLIORER VOTRE JEU À COURTE DISTANCE

Les professionnels de haut niveau consacrent autant de temps à pratiquer leurs coups d'approche et leurs coups roulés autour du vert qu'ils le font pour les coups de longue distance. Ils savent que c'est la qualité de leur jeu de courte distance qui leur permet d'obtenir des pointages peu élevés.

Vous devriez consacrer au moins autant de temps à améliorer votre technique des coups d'approche réguliers et lobés et vous concentrer sur le toucher et la sensation comme vous le faites lorsque vous pratiquez votre élan et vos coups de longue distance. Bien jouer ses coups de courte distance permet de compenser les lacunes dans les coups de longue distance, mais l'inverse n'est pas vrai.

UTILISEZ VOTRE TEMPS DE PRATIQUE POUR METTRE AU POINT DES ROUTINES AINSI QUE VOTRE TECHNIQUE

La pratique ne se limite pas à frapper des balles. Utilisez le temps que vous passez sur le terrain de pratique pour mettre au point les exercices préparatoires aux coups qui vous permettront d'améliorer la régularité de votre jeu. Bien qu'il ne soit pas nécessaire d'effectuer votre routine préparatoire avant chaque coup, il est préférable de consacrer environ 20 pour cent de votre temps d'entraînement à pratiquer votre élan pour qu'il soit aussi fluide et régulier que possible.

Plusieurs golfeurs de haut niveau frappent dix balles en se concentrant sur un aspect particulier de leur élan, consacrent ensuite trois ou quatre coups à l'ensemble de leur jeu, puis terminent en frappant des balles et en se concentrant sur un aspect de leur élan.

SE METTRE EN FORME POUR LE GOLF

L'amélioration du niveau de conditionnement physique est devenu un aspect très important chez les golfeurs professionnels. Songez au nombre de fois où vous avez peiné à terminer convenablement les derniers trous d'un parcours ou de quelle façon vous avez joué à la sauvette vers la fin de votre fin de semaine de golf. Bien que je ne vous conseillerai pas de vous entraîner régulièrement dans un centre de conditionnement physique, je ne saurais trop insister sur le fait qu'une meilleure forme physique vous aidera à améliorer votre niveau de jeu.

Assurez-vous d'avoir en tout temps de l'eau et des collations santé dans votre sac de golf

Bon nombre de golfeurs et de joueurs de tennis de haut niveau mangent souvent des fruits, surtout des bananes, car les glucides et le sucre naturel contenus dans ces aliments sont libérés et absorbés plus lentement dans l'organisme, ce qui permet de maintenir le niveau d'énergie pendant une période de temps supplémentaire.

Il est également utile de transporter une bouteille d'eau dans votre sac de golf. La déshydratation est l'une des principales causes de détérioration de la technique et influe sur votre organisme pendant une longue période avant que vous remarquiez le moindre effet physique. En buvant de l'eau tout au long de la partie, vous maintiendrez votre niveau de concentration et votre capacité à penser clairement. Les boissons gazeuses étanchent la soif, mais ne fournissent pas suffisamment de récupération d'énergie et ne préviennent pas efficacement la déshydratation.

Durant cette période de 10 semaines, oubliez votre tablette de chocolat et votre boisson gazeuse et optez pour quelques bananes, une pomme et une bouteille d'eau ou une boisson énergétique.

Au cours des 10 semaines du programme d'entraînement, vous travaillerez sur tous les aspects de votre jeu. Vous commencerez par une récapitulation complète des principes de base, puis vous apprendrez les mouvements de base de l'élan pour ensuite vous concentrer sur les aspects du jeu qui vous permettront d'améliorer votre pointage le plus rapidement et de la manière la plus efficace. Voilà pourquoi les techniques du coup roulé et les coups de courte distance sont abordés dès le début du programme, car c'est véritablement en perfectionnant votre technique autour des verts que vous améliorerez rapidement votre pointage.

Chaque semaine du programme porte sur une facette différente du jeu.
En plus d'obtenir de l'information utile sur les techniques de base, vous serez
appelé à effectuer un ensemble d'exercices pratiques que vous trouverez
dans la section 3. Ces exercices sont spécialement conçus pour accélérer
votre progrès en vous apprenant les mouvements et les sensations requises
pour obtenir un bon élan. Il est important d'effectuer au moins le nombre de
répétitions recommandées pour chacun des exercices afin d'intégrer totalement ces nouveaux mouvements à votre jeu. Il n'y a rien d'anormal à faire
plus de répétitions si vous en avez le temps, mais vous ne devez pas oublier
que c'est la qualité de votre entraînement et non la quantité qui déterminera
la rapidité de votre progression.

Le tableau d'analyse de rendement est la pierre d'assise de votre programme de perfectionnement de 10 semaines. Celui-ci vous indique quels devraient être vos progrès dans chacun des aspects du jeu, vous fournit un compte-rendu de votre progression et vous aide à identifier vos faiblesses. Le maintien de statistiques détaillées vous aidera à cibler les éléments problématiques et vous permettra de mieux identifier les exercices qui vous conviennent.

Enregistrez vos statistiques pour chaque partie et notez chacun de vos coups ainsi que votre pointage pour chaque trou. Comparez vos statistiques avec celles qui sont recommandées et identifiez les aspects problématiques de votre jeu, puis passez aux exercices de pratique. En plus d'exécuter les exercices quotidiens durant le programme de 10 semaines, vous devez continuer à suivre les exercices pertinents indiqués dans ce tableau.

ANALYSE DE RENDEMENT

CATÉGORIE	OBJECTIF	ALLEZ AUX PAGES	CATÉGORIE	OBJECTIF	ALLEZ AUX PAGES
Coups de départ de plus de 183 m (200 verges)	70 %	74–83, 85, 87, 99–103	Coups roulés près du trou	1	126–134
Coups dans l'allée	60 %	74–83, 84–94, 99–102	Coups roulés de courte distance ratés (moins de 1,2 mètre – 4 pieds)	1	135–137
Verts en coups réglementaires total	11/18	74–83	Coups d'approche près du vert	2	74–98
Verts en coups réglementaires – normale 3	75 %	147, 90–98	Coups de sortie de fosses de sable à proximité du vert	30 %	120–125
Verts en coups réglementaires – normale 4	60 %	150, 90–102	Coups d'approche en hauteur et peu élevés	60 %	114–120
Verts en coups réglementaires – normale 5	80 %	153, 90–98	Total de coups d'approche lobés 36 m - 63 m 40–70 verges	6	108–114
Nombre de coups roulés par partie	32	126–137	Coups en hauteur et peu élevés 36 m - 63 m 40–70 verges	40 %	108–125, 135–137
Trois coups roulés de longue distance	1	126–134	Erreurs d'évaluation du parcours	0	138–155
Trois coups roulés de courte distance	0	135–137			

COMPILEZ VOS STATISTIQUES

PARTIE :   DATE :   TERRAIN :

UTILISÉ POUR CHAQUE TROU

Coup dans l'allée
☐ OUI ☐ NON ☐ SANS OBJET

Vert en temps réglementaire
☐ OUI ☐ NON

Coup d'approche/coup de départ à proximité du vert
☐ OUI ☐ NON

Coup d'approche en hauteur et peu élevé
☐ OUI ☐ NON ☐ SANS OBJET

Coup d'approche à une distance de 1,5 mètre
(cinq pieds) de distance et coup roulé calé
☐ OUI ☐ NON ☐ SANS OBJET

Coup d'approche à une distance de 1,5 mètre
(cinq pieds) et coup roulé raté
☐ OUI ☐ NON ☐ SANS OBJET

Sortie d'une fosse de sable en deux coups
☐ OUI ☐ NON ☐ SANS OBJET

Sortie d'une fosse de sable en trois coups
☐ OUI ☐ NON ☐ SANS OBJET

TOTAL DE COUPS ROULÉS

Trois coups roulés
☐ OUI ☐ NON

Trois coups roulés de longue distance
☐ OUI ☐ NON ☐ SANS OBJET

Trois coups roulés de courte distance
☐ OUI ☐ NON ☐ SANS OBJET

Coup d'approche à proximité du trou
☐ OUI ☐ NON ☐ SANS OBJET

Coup roulé calé à une distance
de 3 mètres (dix pieds)
☐ OUI ☐ NON ☐ SANS OBJET

Coup roulé calé à une distance
de 3 à 6 mètres (10-20 pieds)
☐ OUI ☐ NON

Coup roulé de courte distance raté
☐ OUI ☐ NON

Coup d'approche lobé joué
☐ OUI ☐ NON

Coup d'approche lobé calé en deux coups
☐ OUI ☐ NON ☐ SANS OBJET

Coup d'approche lobé calé en trois coups
☐ OUI ☐ NON ☐ SANS OBJET

RENDEMENT GLOBAL

Total des 18 trous ☐
Coups dans l'allée ☐
Verts en temps réglementaire ☐
Total de coups roulés ☐
Coups d'approche à proximité du vert ☐
Total des trois coups roulés ☐

Total des revirements ☐
Coups de sortie de fosses de sable ☐
Coups d'approche lobés permettant de sortir
d'un obstacle ☐
Coups roulés de courte distance ratés ☐

NOTES ET FAITS MARQUANTS

DE LA PARTIE Coups de départ de qualité.
Rendement moyen avec les fers, mais amélioration
des coups roulés. Moins de balles dans les fosses
de sable, mais plus de coups d'approche.

FAITS MARQUANTS DE LA PARTIE Coup de départ
du 12ᵉ trou, assez difficile, à 60 cm (deux pieds)
du trou. Malheureusement, j'ai raté le coup roulé.

SEMAINE 1

1re SEMAINE — Tout sur la position initiale

La première semaine de votre programme de perfectionnement sera consacrée entièrement à la préparation, C'est pourquoi tous les exercices de pratique et de routine mis de l'avant dans le programme d'entraînement de 10 semaines sont fondés sur l'hypothèse que vous possédez une compréhension exhaustive de l'ABC du golf. Lorsque vous aurez adopté une position initiale ferme et régulière, vous serez alors en mesure d'améliorer tous les aspects de votre jeu. La plupart des fautes d'élan sont causées par des erreurs de position. Il est donc important que vous compreniez l'importance d'améliorer cet aspect fondamental que constitue l'élan.

VOTRE PREMIÈRE SEMAINE D'ENTRAÎNEMENT

La première semaine d'entraînement joue un rôle capital dans ce programme. La façon dont vous envisagerez cette première semaine aura une incidence sur le programme au complet et influencera votre niveau de progression au cours des prochains mois. Consacrez le plus de temps possible à tous les aspects de votre préparation, de façon à retirer le maximum d'efficacité des exercices compris dans ce programme.

PRATIQUE STRUCTURÉE

La première semaine du programme vous permettra de développer les habiletés de base requises pour obtenir un élan ferme et régulier. Pour débuter, vous apprendrez à adopter une prise adéquate, puis vous adopterez une posture athlétique et un alignement approprié. Vous apprendrez aussi la position correcte des pieds et de la balle pour chacun des bâtons. Cette première semaine de pratique se terminera par la recommandation d'exercices préparatoires à vos coups, ce qui vous permettra d'harmoniser tous les éléments de votre préparation et d'obtenir un mouvement continu.

Il est essentiel de continuer à pratiquer, perfectionner et répéter vos exercices de préparation Tout au long des 10 semaines du programme. Votre objectif principal consiste à façonner votre préparation de façon à ce que vous soyez capable d'adopter la position initiale adéquate de façon automatique avant chaque élan, ceci pour un maximum d'efficacité. Une position initiale adéquate vous procure également la confiance mentale qui résulte d'un bon équilibre.

PRATIQUE PERSONNALISÉE

En plus des exercices de pratique quotidiens, vous apprendrez aussi à identifier vos points faibles dans les autres aspects du jeu en utilisant le tableau d'analyse de rendement de la page 28. Vérifiez vos statistiques dans les aspects importants du jeu et comparez-les avec les normes du tableau.

LES PRIORITÉS
DE CETTE PREMIÈRE SEMAINE

Lundi   Adopter une prise neutre
Mardi   Posture
Mercredi   Position des pieds et de la balle
Jeudi   Alignement
Vendredi   Exercice de position de départ
Fin de
semaine   Combinaison des acquis
      de la semaine

OBJECTIF DE LA SEMAINE

Votre objectif pour la semaine consiste à
vous assurer que votre routine préparatoire et les exercices des coups devien-
nent une seconde nature et que votre
élan soit un mouvement fluide et continu
plutôt qu'une suite de positions. Bien
que vous devriez vous concentrer, pour
la première semaine, sur les exercices
de position de départ, vous devriez consacrer, idéalement, un peu de temps
chaque semaine à vous remémorer la
séquence de mouvements. La plupart
des erreurs d'élan sont dus à une position de départ erronée ; par conséquent, plus vous éliminerez d'erreurs
à cette étape préparatoire, plus votre
jeu s'en portera mieux à long terme.

ADOPTER UNE PRISE NEUTRE

La façon dont un joueur tient son bâton détermine le niveau de qualité de jeu qu'il est en mesure d'atteindre. À moins d'avoir pris des leçons régulières avec un entraîneur certifié de la PGA, il est probable que votre prise ne soit pas parfaite. Si c'est votre cas, il est presque certain que vous compenserez cette lacune d'une manière ou d'une autre et que vous manquerez de régularité dans la qualité de vos coups. Une bonne prise ne garantit pas un bon élan, mais augmente considérablement la probabilité de frapper la face du bâton au point d'impact et d'obtenir de la puissance. Si votre prise n'est pas conforme, le fait de tenir le bâton correctement vous semblera, du moins au départ, inconfortable et risque de se traduire par de mauvais coups, car votre confiance et votre synchronisme seront amoindris jusqu'à ce que votre corps s'habitue aux changements. Toutefois, il est essentiel que vous adoptiez ces changements et que vous pratiquiez votre nouvelle prise le plus souvent possible.

TÂCHES À ACCOMPLIR

❶ Apportez vos bâtons chez un spécialiste de l'ajustement des bâtons et faites vérifier les angles d'ouverture et de la tête du bâton par rapport au manche.

❷ Jouez une partie complète, notez les principales statistiques et comparez votre niveau de rendement actuel avec ceux du tableau d'analyse de rendement.

EXERCICES DE PRATIQUE

Prise 1 – 20 répétitions (p 74)
Prise 2 – 10 répétitions (p 75)
Prise 3 – 10 répétitions (p 76)
Prise 4 – Autant de répétitions que possible (p 77)

AMÉLIOREZ VOTRE POSTURE

Une bonne posture est importante au golf, car les angles que vous formez dans la partie inférieure de votre colonne vertébrale et de vos jambes déterminent non seulement la forme et le plan de votre élan, mais également votre habileté à pencher vos épaules correctement pour obtenir de la puissance.

Maintenir sa colonne vertébrale bien droite est l'un des principaux éléments à retenir au sujet de la posture, de façon à ce que la partie supérieure de votre corps dispose d'un point fixe autour duquel pivoter vers l'avant et vers l'arrière. Vous aurez de la difficulté à vous pencher et à obtenir de la puissance si votre colonne vertébrale est incurvée et que vos épaules sont affaissées. L'objectif de la posture de golf consiste à adopter une position à partir de laquelle vous pourrez effectuer un élan athlétique pour frapper la balle.

TÂCHES À ACCOMPLIR

❶ Vérifiez votre préparation et votre posture devant un miroir et comparez-la avec celle d'un joueur de haut niveau qui possède un physique semblable au vôtre en consultant une revue de golf ou un guide d'apprentissage.

EXERCICES DE PRATIQUE

Posture 1 – 20 répétitions (p 84)
Posture 2 – 10 répétitions avec chaque bâton (p 85)
Posture 3 – Répétez régulièrement afin de vérifier la qualité de la posture (p 86)
Prise 1 – 20 répétitions (p 74)
Prise 3 – 10 répétitions (p 76)
Prise 4 – Autant de répétitions que possible (p 77)

POSITION DES PIEDS ET DE LA BALLE

Beaucoup d'amateurs font l'erreur de conserver la même largeur de position des pieds et de position de la balle pour chacun de leurs coups, peu importe qu'ils emploient un bois 1 ou un cocheur d'allée. Vous devez être conscient qu'il faut adopter une position des pieds plus large pour soutenir un élan plus rapide lorsque vous utilisez un bois 1 ou un bois d'allée et que vous devez jouer la balle plus vers l'avant par rapport à la position de vos pieds afin d'être en mesure d'attaquer la balle avec plus de mordant. Du même coup, l'espace entre vos pieds devrait être assez étroit lorsque vous employez des fers de plus courtes distances et la balle devrait se trouver au milieu de vos pieds pour favoriser une attaque plus puissante.

TÂCHE À ACCOMPLIR

❶ Achetez une douzaine de balles de golf ; demandez au pro ou au détaillant de vous recommander un type et une marque de balle qui convient à votre style de jeu. Conservez le même type de balle pendant toute la durée de votre programme de 10 semaines.

EXERCICES DE PRATIQUE

Position de la balle 1 – 10 répétitions (p 87)
Position de la balle 2 – 10 répétitions (p 88)
Position de la balle 3 – 20 répétitions (p 89)
Posture 1 – 20 répétitions (p 84)
Posture 3 – Répétez régulièrement pour vérifier la qualité de la posture (p 86)
Prise 1 – 20 répétitions (p 74)
Prise 3 – 10 répétitions (p 76)
Prise 4 – Autant de répétitions que possible (p 77)

COMPRENDRE LE CONCEPT DU BON ALIGNEMENT

Un bon alignement est l'une des clés du succès au golf. Toutefois, beaucoup de golfeurs amateurs n'en tiennent aucunement compte et se demandent pourquoi leurs coups n'atteignent pas la cible. Logiquement, si vous ne placez pas la face du bâton et votre corps de façon adéquate face à l'objectif, vous aurez de la difficulté à envoyer la balle à l'endroit désiré. Apprendre à bien orienter la face du bâton est la première et la plus importante partie de votre routine préparatoire au coup. Vous pouvez utiliser la face du bâton comme point de référence autour duquel placer convenablement vos pieds et votre corps. Souvenez-vous également que même si la face de votre bâton est orientée vers votre objectif, le reste de votre corps doit être perpendiculaire (en angle droit par rapport) à cette ligne, mais non en ligne droite. C'est ce qu'on appelle l'alignement parallèle.

TÂCHES À ACCOMPLIR

❶ Frappez 50 balles sur le terrain de pratique en effectuant tous vos exercices de position des pieds avant chaque coup.
❷ Regardez un tournoi de golf sur DVD observez comment les professionnels de haut niveau se conforment à leur routine de préparation aux coups, et ce même si la pression est à son comble.

EXERCICES DE PRATIQUE

Alignement 1 – 20 répétitions (p 80)
Alignement 2 – 20 répétitions (p 82)
Alignement 3 – Utilisez-le pour revérifier l'alignement au besoin (p 83)
Position de la balle 1 – 10 répétitions (p 87)
Position de la balle 2 – 10 répétitions (p 88)
Position de la balle 3 – 20 répétitions (p 89)

METTRE AU POINT VOTRE ROUTINE DE POSITION DE DÉPART

Il est important de mettre au point une routine de position de départ afin d'optimiser les possibilités de prendre une position adéquate vis-à-vis de la balle avant chaque coup. Une préparation méthodique permet de frapper chaque coup en adoptant la même position, ce qui est essentiel pour frapper des coups de qualité de façon régulière et analyser les erreurs. Mettez au point une routine d'exercice afin d'améliorer votre position de départ en utilisant les aspects traités de manière à attaquer la balle de la même façon chaque fois.

EXERCICES DE PRATIQUE
Prise 1 – 10 répétitions (p 74)
Prise 3 – 10 répétitions (p 76)
Prise 4 – Autant de répétitions que possible (p 77)
Exercices préparatoires aux coups 1 – 10 répétitions (p 78)
Exercices préparatoires aux coups 2 – Répétez régulièrement (p 80)
Posture 1 – 10 répétitions (p 84)
Posture 2 – répétitions avec chaque bâton (p 85)
Posture 3 – Répétez régulièrement pour vérifier la qualité de votre posture (p 86)
Position de la balle 1 – 5 répétitions (p 87)
Position de la balle 2 – 5 répétitions (p 88)
Position de la balle 3 – 5 répétitions (p 89)
Alignement 1 – 10 répétitions (p 80)
Alignement 2 – 10 répétitions (p 82)
Alignement 3 – Utilisez-le pour revérifier l'alignement au besoin (p 83)

METTRE AU POINT UNE ROUTINE PRÉPARATOIRE AUX COUPS

Maintenant que vous savez à quoi ressemble une bonne position de départ et la sensation qu'elle procure, il est temps d'intégrer cette position à votre routine préparatoire aux coups pour obtenir de la régularité. Orientez votre pratique afin de faire de votre position de départ un mouvement fluide et continu. Tout devrait s'enchaîner avec continuité, de la visualisation de votre coup jusqu'à l'amorce de votre élan.

TÂCHES À ACCOMPLIR
❶ Jouez une partie et conservez les statistiques des éléments importants.
❷ Comparez vos statistiques avec celles du tableau d'analyse de rendement afin d'identifier toute lacune importante dans votre jeu.
❸ Frappez 40 balles sur le terrain de pratique, pratiquez tous vos coups et effectuez vos exercices préparatoires avant chaque coup.

EXERCICES DE PRATIQUE
Routine préparatoire aux coups 1 – 15 répétitions (p 78)
Prise 1 – 10 répétitions (p 74)
Prise 3 – 10 répétitions (p 76)
Prise 4 – Répétez régulièrement (p 77)
Posture 1 – 10 répétitions (p 84)
Posture 2 – 10 répétitions avec chaque bâton (p 85)
Posture 3 – Répétez régulièrement (p 86)
Position de la balle 1 – 5 répétitions (p 87)
Position de la balle 2 – 5 répétitions (p 88)
Position de la balle 3 – 5 répétitions (p 89)
Alignement 1 – 10 répétitions (p 80)
Alignement 2 – 10 répétitions (p 82)
Alignement 3 – Utilisez-le pour revérifier l'alignement au besoin (p 83)

2ᵉ SEMAINE   Simplifier l'élan

Au bout de la 1ʳᵉ semaine et lorsque aurez acquis une compréhension suffisante des rudiments du golf, vous pourrez commencer à structurer votre élan, de façon à améliorer votre technique et acquérir plus de régularité, de fiabilité et de puissance.

VOTRE DEUXIÈME SEMAINE

Votre deuxième semaine servira à consolider les acquis de la première semaine du programme. Selon l'importance des erreurs dans votre position de départ, vous devrez peut-être perfectionner votre technique de base et répéter vos exercices de position de départ pendant que vous mettez au point et améliorez votre élan.

PRATIQUE STRUCTURÉE

Les séries d'exercices que vous devrez effectuer durant cette semaine vous permettront de vous familiariser avec les composantes-clés de l'élan de golf, soit le pivot du haut du corps, l'élan du bras, le mouvement du poignet et la résistance du bas du corps et du genou droit, puis de les fondre en un mouvement coordonné et contrôlé.

PRATIQUE PERSONNALISÉE

En plus des exercices quotidiens recommandés, vous devriez également exécuter les exercices pratiques appropriés tels que recommandés dans le tableau d'analyse du rendement en page 28.

LES PRIORITÉS DE LA SEMAINE

Lundi	Le pivotement du haut du corps
Mardi	Le balancement des bras
Mercredi	Comment et quand plier les poignets
Jeudi	Le rôle de la partie inférieure du corps
Vendredi	Adopter un bon rythme
Fin de semaine	Retrouver la spontanéité

SEMAINE 2

OBJECTIF DE LA SEMAINE

Votre objectif de la semaine consiste à acquérir une meilleure compréhension des éléments principaux à assimiler pour obtenir un élan ferme et régulier et à harmoniser tous ces éléments pour qu'il en résulte un mouvement fluide et naturel.

SEMAINE
2

UNE POSITION PENCHÉE ADÉQUATE

Plier la partie supérieure du corps est la base d'un bon élan au golf. Si la partie supérieure de votre corps pivote correctement autour de l'angle de votre colonne vertébrale, vous pourrez obtenir de la puissance et frapper la balle avec précision. Vous devez vous concentrer sur les sensations associées à un pivotement adéquat de votre corps et surtout sur la façon dont la partie supérieure de votre corps se penche autour de l'angle de votre colonne vertébrale obtenu à la position de départ par rapport à la résistance de la partie inférieure du corps, particulièrement le genou et la cuisse de la jambe droite.

TÂCHES À ACCOMPLIR
❶ Effectuez quelques exercices d'étirement légers afin de préparer vos muscles pour le golf au moyen des exercices pratiques que vous allez exécuter.
❷ Frappez 30 balles sur le terrain de pratique en pratiquant vos exercices préparatoires pour chacun des coups.

EXERCICES DE PRATIQUE
Série d'exercices pour l'élan 1 – 20 répétitions (p 90)
Série d'exercices pour l'élan 2 – 20 répétitions (p 91)
Prise 1 – 20 répétitions (p 74)
Prise 4 – Autant de répétitions que possible (p 77)
Posture 1 – 20 répétitions (p 84)

UTILISEZ VOS BRAS POUR OBTENIR DE LA PUISSANCE

Vos bras produisent la largeur, la puissance et servent de levier pour l'élan. Toutefois, beaucoup de golfeurs amateurs n'exploitent pas le plein potentiel de cette importante source de puissance. Lorsque la partie supérieure de votre corps se replie et pivote de l'arrière à l'avant, vos bras se balancent de haut en bas. Redonnez à votre élan sa liberté en le transformant en un mouvement naturel et fluide au moyen de vos bras. Vous devez sentir que vos mains se trouvent directement au-dessus de votre épaule droite lorsque vous êtes au sommet de votre élan.

TÂCHES À ACCOMPLIR
❶ Jouez une partie de golf et conservez les statistiques des éléments importants du jeu.
❷ Procurez-vous un bâton raccourci ou pour enfant de façon à pratiquer votre élan à l'intérieur en tout temps.

EXERCICES DE PRATIQUE
Exercice pour l'élan 3 – 30 répétitions (p 93)
Rythme de l'élan 2 – 20 répétitions (p 97)
Exercice pour l'élan 1 – 20 répétitions (p 90)
Exercice pour l'élan 2 – 20 répétitions (p 91)
Exercice de pratique de l'élan – 20 répétitions (p 92)
Prise 1 – 20 répétitions (p 74)
Prise 4 – Autant de répétitions que possible (p 77)
Posture 1 – 20 répétitions (p 84)

UTILISATION DES POIGNETS

Avec le balancement des bras, les poignets constituent une autre source de puissance que beaucoup de golfeurs ne parviennent pas à employer efficacement. Des mouvements de poignets adéquats jouent un rôle important dans la capacité du bâton à adopter le plan approprié dans la montée, de façon à pouvoir attaquer la balle dans un angle et une trajectoire favorables. Une utilisation adéquate du poignet procure un meilleur contrôle de l'élan. Familiarisez-vous avec la sensation d'un mouvement de poignet adéquat et intégrez ce mouvement à l'ensemble de votre élan, de sorte qu'il devienne un automatisme et partie intégrante de votre élan.

STABILISATION DE L'ÉLAN

Tout comme un générateur a besoin d'une assise pour produire de la puissance, votre élan de golf doit disposer d'une stabilité semblable. La partie inférieure de votre corps, vos jambes, vos hanches et vos pieds sert de soutien et de source de puissance à votre élan. Si la partie inférieure de votre corps s'affaisse durant la montée, vous serez incapable de pencher vos épaules de façon appropriée afin de produire le maximum de puissance. Le genou doit demeurer plié et résister au mouvement de repli du torse durant la montée. La partie supérieure du corps pivote, les bras se balancent et le poignet se plie durant la montée, alors que le genou droit demeure fléchi et presque immobile.

TÂCHE À ACCOMPLIR

❶ Accordez-vous de nombreux élans de pratique sans balle tout en permettant à vos poignets de se plier librement à la montée, puis au dégagé afin de vous habituer à utiliser activement votre main dans l'élan.

EXERCICES DE PRATIQUE

Exercice de pratique pour l'élan – 20 répétitions (p 92)
Exercice pour l'élan 3 – 20 répétitions (p 93)
Exercice pour l'élan 4 – 20 répétitions (p 94)
Exercice pour l'angle – 20 répétitions (p 95)
Prise 3 – 20 répétitions (p 76)
Prise 4 – Autant de répétitions que possible (p 77)
Posture 1 – 20 répétitions (p 84)

TÂCHE À ACCOMPLIR

❶ Frappez 40 balles sur le terrain de pratique en effectuant votre programme complet d'exercices préparatoires pour la moitié des coups. Utilisez les 20 autres balles et effectuez trois séries de tout exercice recommandé pour l'élan sans balle avant de frapper les balles pour vrai.

EXERCICES DE PRATIQUE

Exercice pour l'élan 1 – 20 répétitions (p 90)
Exercice pour l'élan 2 – 20 répétitions (p 91)
Exercice pour l'élan 3 – 30 répétitions (p 93)
Rythme de l'élan 2 – 20 répétitions (p 97)
Prise 3 – 20 répétitions (p 76)
Prise 4 – Autant de répétitions que possible (p 77)
Posture 1 – 20 répétitions (p 84)

HARMONISATION DE L'ÉLAN – ACQUISITION DU RYTHME

Une fois que vous aurez acquis une certaine maîtrise des éléments clés de l'élan, la prochaine étape consistera à intégrer tous ces éléments individuels et à les fondre en un seul mouvement fluide. Peu importe votre maîtrise technique, si votre élan ne comporte pas un rythme approprié, son efficacité se limitera à une série de mouvements disjoints. Combinez le pivotement de la partie supérieure du corps, le balancement des bras, le mouvement approprié du poignet et la résistance de la partie inférieure du corps en un mouvement fluide et organisé.

RÉTABLIR L'INTUITION ET LA SPONTANÉITÉ

Lorsque vous travaillez sur votre élan, il est facile de tomber dans l'exagération et d'accorder trop d'importance à la position, au point où vous pourriez trouver difficile de frapper avec un rythme approprié, simplement parce que vous pensez à trop de choses à la fois. Une des meilleures façons d'améliorer votre élan consiste à vous concentrer sur l'aspect technique sur le terrain de pratique, puis à vous limiter à un seul aspect important de l'élan lorsque vous allez jouer. Prolongez votre série d'exercices préparatoires aux coups pour y intégrer la visualisation du coup, les exercices de position de départ et l'élan lui-même. L'exercice est terminé une fois que la balle a quitté la face du bâton.

TÂCHES À ACCOMPLIR

❶ Frappez 50 balles sur le terrain de pratique en effectuant tous les exercices préparatoires pour au moins la moitié des coups. Utilisez les 25 balles qui restent et avant de frapper chacune d'elles, effectuez un pivot, un mouvement du poignet, un balancement des bras et une résistance de la partie supérieure du corps.

❷ Adaptez le rythme de votre élan à votre personnalité. Ainsi, le golfeur Ernie Els, un homme calme, possède un élan plutôt lent, alors que Sergio Garcia, plus vif, possède un élan très rapide.

TÂCHES À ACCOMPLIR

❶ Jouez une partie de golf et prenez note de vos statistiques sur les aspects importants du jeu. Comparez votre rendement avec celui du tableau d'analyse de rendement.

❷ Frappez 50 balles sur le terrain de pratique en effectuant une série d'exercices préparatoires aux coups avec au moins la moitié des balles. Utilisez les 25 autres balles pour effectuer plusieurs élans de pratique avant chaque coup et concentrez-vous sur une seule idée lorsque vous frappez la balle.

EXERCICES DE PRATIQUE

Exercice de l'élan 1 – 20 répétitions (p 90)
Exercice de l'élan 2 – 20 répétitions (p 91)
Exercice de l'élan 3 – 30 répétitions (p 93)
Rythme de l'élan 1 – 10 répétitions (p 96)
Rythme de l'élan 2 – 10 répétitions (p 97)
Rythme de l'élan 3 – 10 répétitions (p 98)

EXERCICES DE PRATIQUE

Exercice pour l'élan 1 – 20 répétitions (p 90)
Exercice pour l'élan 2 – 20 répétitions (p 91)
Exercice pour l'élan 3 – 30 répétitions (p 93)
Rythme pour l'élan 1 – 10 répétitions (p 96)
Rythme pour l'élan 2 – 10 répétitions (p 97)
Rythme pour l'élan 3 – 10 répétitions (p 98)

3ᵉ SEMAINE — Améliorez votre coup roulé

L'amélioration de votre coup roulé joue un rôle important dans votre cheminement vers un handicap inférieur à 10, car votre capacité à caler les coups roulés importants vous permettra de maintenir un pointage peu élevé tout en évitant de faire trois coups roulés sur un même trou et vous enlèvera de la pression. C'est pour cette raison et parce que la moitié des coups joués durant une partie de golf le sont sur le vert que le coup roulé fait son apparition très tôt dans le programme.

OBJECTIF DE LA SEMAINE

Votre objectif de la semaine consiste à mettre au point un coup roulé répétitif qui vous permettra de frapper puissamment la balle à chacun de vos coups et d'établir une routine de pratique avant le coup roulé qui vous aidera à vous préparer efficacement pour frapper la balle et à lire efficacement les verts coup sur coup.

VOTRE TROISIÈME SEMAINE

La troisième semaine du programme portera sur les habiletés à améliorer pour réussir vos coups roulés avec régularité. Il est essentiel de développer sa confiance sur les verts pour connaître le succès au golf.

UN ENTRAÎNEMENT MÉTHODIQUE (STRUCTURÉ)

Un coup roulé réussi est le résultat d'une réaction en chaîne qui se met en branle dès que vous évaluez votre coup roulé. Vous apprendrez des exercices de lecture des verts, à effectuer des coups roulés réguliers et vous améliorerez votre capacité à évaluer la distance pour les coups de longue distance ainsi qu'à caler la balle lorsque vous vous trouvez à moins de deux mètres (six pieds) du trou.

PRATIQUE PERSONNALISÉE

En plus des exercices quotidiens recommandés, vous devriez également effectuer les exercices pertinents recommandés dans le tableau d'analyse de rendement. Il est essentiel que vous consacriez le plus de temps possible à pratiquer votre coup roulé. Le simple fait d'éviter de faire trois coups roulés sur un trou ou plus aura un impact immédiat sur votre pointage.

LES PRIORITÉS DE LA SEMAINE

Lundi	Amélioration de votre préparation au coup roulé
Mardi	Mettre votre coup roulé au point
Mercredi	Apprendre à lire (évaluer) les verts
Jeudi	Contrôler la distance de vos coups roulés
Vendredi	Caler vos coups roulés de courte distance
Fin de semaine	Le processus complet du coup roulé

SEMAINE 3

PRÉPARATION AU COUP ROULÉ

Bien qu'il n'existe pas de règles établies quant à l'exécution du coup roulé, à moins de jouer tous les jours, il est préférable d'être le plus méthodique possible. Une posture adéquate permet à vos bras de reposer naturellement de chaque côté de vos épaules, de sorte que vous puissiez contrôler le mouvement. Vu que vos yeux se trouvent le plus près possible de la balle, vous disposez d'une meilleure vision pour évaluer la trajectoire de votre coup roulé. Votre objectif de la journée consistera à adopter une posture stable, athlétique et confortable qui permettra à votre tête et à la partie inférieure de votre corps de demeurer stable au moment d'effectuer votre coup.

LE COUP ROULÉ

Le coup roulé est un mouvement très naturel que les golfeurs amateurs ont tendance à compliquer inutilement. Le secret consiste à garder la tête et la partie inférieure du corps dans une position stable pendant que la face du fer droit demeure près du sol pendant le coup. Éliminez tout geste inutile dans l'exécution de votre coup roulé et adoptez un mouvement répétitif et fluide qui vous permettra de frapper la balle solidement à tout coup.

TÂCHES À ACCOMPLIR

❶ Assurez-vous que votre fer droit convient au genre de coup roulé que vous effectuez. S'il s'agit d'un coup roulé de longue distance, décontracté et lent comme celui d'un Phil Mickelson, c'est un fer droit étroit qui servira au mieux vos intérêts, alors qu'un fer droit à tige centrée convient davantage à un coup roulé plus compact et vif.

❷ Jouez une partie complète, notez vos statistiques principales et comparez-les avec celles du tableau d'analyse de rendement.

TÂCHES À ACCOMPLIR

❶ Vérifiez si l'angle de la tête de votre bâton par rapport au manche de votre fer droit est correct. Idéalement, il ne devrait y avoir d'espace que pour une petite pièce de monnaie entre le sol et la pointe de votre fer droit au moment de l'attaque.

❷ Frappez 40 balles sur le vert en effectuant toute la série d'exercices préparatoires aux coups pour chacun des coups.

EXERCICES DE PRATIQUE

Position de départ pour le coup roulé
– 15 répétitions (p 126)

Posture pour le coup roulé – 15 répétitions (p 128)

Technique pour le coup roulé 2
– 15 répétitions (p 131)

EXERCICES DE PRATIQUE

Exercice de position pour le coup roulé
– 15 répétitions (p 126)

Exercice préparatoire au coup roulé
– 30 répétitions (p 127)

Coup roulé technique 1 – 15 répétitions (p 129)

Coup roulé technique 2 – 15 répétitions (p 131)

LECTURE DES VERTS

La lecture des verts est une combinaison de l'évaluation du degré d'inclinaison et du rythme du coup roulé. C'est une habileté qui se développe au fil du temps, mais il est possible d'accélérer le processus en pratiquant régulièrement pendant une certaine période de temps et en étant méthodique chaque fois que vous êtes sur le vert. Établissez une routine régulière de préparation de vos coups roulés à laquelle vous devrez vous conformer chaque fois que vous effectuerez un coup roulé, sans tenir compte de la distance ou de l'importance du coup.

TÂCHES À ACCOMPLIR

❶ Évaluez votre capacité à lire les verts en choisissant un exercice de coup roulé en pente et en plaçant une cheville de té au sommet, là où vous croyez que la balle commencera à dévier vers le trou. Frappez plusieurs coups en direction de la cheville, surveillez vos résultats et adaptez votre évaluation au besoin.

❷ Apprenez à différencier les coups roulés en montée et les coups roulés en descente en observant leur trajectoire. Les coups roulés en montée dévient moins que les coups roulés en descente.

EXERCICES DE PRATIQUE

Lecture des verts – 15 répétitions (p 130)
Exercice de position de coup roulé
– 15 répétitions (p 126)
Exercice de coup roulé – 20 répétitions
(p 127)
Coup roulé technique 1 – 15 répétitions
(p 129)
Coup roulé technique 2 – 10 répétitions
(p 131)

APPRENDRE À CONTRÔLER LA DISTANCE

Lorsque vous aurez appris l'ABC du coup roulé et de la lecture des verts, la prochaine étape consistera à adapter la longueur de votre coup en fonction de coups roulés de différentes distances. Lorsque des coups roulés de longue distance se retrouvent à proximité du trou, il en résulte une pression beaucoup plus grande pour le coup roulé suivant. Si vous parvenez à évaluer la distance avec plus d'efficacité, vous noterez une amélioration immédiate de votre pointage. La manière la plus efficace de varier la distance de vos coups consiste à raccourcir ou à allonger votre coup roulé et non à tenter de frapper la balle avec plus ou moins de puissance.

TÂCHES À ACCOMPLIR

❶ Frappez 40 balles sur le vert en effectuant une série complète d'exercices préparatoires aux coups avant chacun des coups.

❷ Pour obtenir un coup roulé plus puissant, pratiquez-vous à frapper vos coups roulés en montée, puis reproduisez la même longueur de coups sur un vert plat et notez le résultat.

EXERCICES DE PRATIQUE

Lecture des verts – 15 répétitions (p 130)
Exercice de position pour le coup roulé
– 15 répétitions (p 126)
Exercice de coup roulé – 10 répétitions
(p 127)
Coup roulé technique 1 – 15 répétitions
(p 129)
Coup roulé technique 2 – 5 répétitions (p 131)
Sentir son coup roulé 1 – 15 répétitions
(p 132)
Sentir son coup roulé 2 – 15 répétitions
(p 133)
Sentir son coup roulé 3 – 15 répétitions
(p 134)

SEMAINE **3**

SEMAINE

3

CALER LES COUPS ROULÉS JOUÉS SOUS PRESSION

Il existe plusieurs raisons, y compris une mauvaise préparation des coups roulés, et des coups d'approche joués sans conviction, pour lesquelles vous devez frapper plusieurs coups roulés de 1 m. et de 1,2 m. (trois ou quatre pieds) au cours d'une partie. Si vous parvenez à caler tous ces coups, vous maintiendrez un pointage relativement bas, mais si vous les manquez tous, vous aurez l'impression d'avoir gaspillé vos coups. Concentrez-vous entièrement sur chacun de vos coups roulés et adoptez une attitude positive et déterminée. Forgez-vous un coup à angle droit dans lequel le fer droit se déplace en ligne droite de l'avant à l'arrière.

TÂCHES À ACCOMPLIR

❶ Évaluez la qualité de votre alignement et de vos coups pour les coups roulés de courte distance en traçant une ligne à partir de la balle jusqu'au milieu du trou au moyen d'un morceau de craie et appliquez-vous à faire rouler la balle le long de cette ligne. Adaptez votre objectif et votre alignement si vous trouvez que le niveau de difficulté est trop élevé.

❷ Engagez-vous à ne jamais abandonner lorsque vous vous apprêtez à effectuer un coup roulé de courte distance. Il est préférable de rater son coup en y allant de son meilleur coup roulé que de frapper un coup nerveux et timide. Ne gaspillez jamais volontairement un coup roulé.

EXERCICES DE PRATIQUE

Exercice de position pour le coup roulé – 15 répétitions (p 126)
Exercice de coup roulé – 10 répétitions (p 127)
Coup roulé technique 2 – 5 répétitions (p 131)
Coups roulés de courte distance 1 – 20 répétitions (p 135)
Coups roulés de courte distance 2 – 20 répétitions (p 136)
Coups roulés de courte distance 3 – 10 répétitions (p 137)

TOUS LES ÉLÉMENTS DU COUP ROULÉ

Lorsque vous vous serez familiarisé avec les divers aspects du coup roulé, il sera temps de regrouper vos connaissances. Un coup roulé régulier est une réaction en chaîne, de l'évaluation initiale du coup roulé au calage de ce coup roulé. Faites en sorte que les exercices préparatoires à votre coup roulé soient naturels et instinctifs. Frappez chacun de vos coups roulés à partir de la même position afin d'augmenter votre régularité et de vous habituer à des coups roulés de toutes les distances possibles.

TÂCHES À ACCOMPLIR

❶ Chronométrez votre exercice de lecture des verts et accordez la même période de temps à chacun de vos coups roulés.

❷ Pour les coups roulés de longue distance, il est préférable d'effectuer des coups de pratique en observant le trou de façon à pouvoir évaluer la longueur du coup.

❸ Jouez une partie de golf, notez les principales statistiques et comparez votre rendement actuel avec les statistiques du tableau d'analyse.

EXERCICES DE PRATIQUE

Série d'exercices – position pour le coup roulé – 15 répétitions (p 126)
Série d'exercices pour le coup roulé – 30 répétitions (p 127)
Coup roulé technique 1 – 15 répétitions (p 129)
Lecture des verts – 15 répétitions (p 130)
Coup roulé technique 2 – 15 répétitions (p 131)
Sentir son coup roulé 1 – 15 répétitions (p 132)
Sentir son coup roulé 2 – 15 répétitions (p 133)
Sentir son coup roulé 3 – 15 répétitions (p 134)
Coups roulés de courte distance 1 – 20 répétitions (p 135)
Coups roulés de courte distance 2 – 20 répétitions (p 136)
Coups roulés de courte distance – 10 répétitions (p 137)

4e SEMAINE   Coups d'approche

Tous les golfeurs professionnels de haut niveau excellent à caler leur balle en deux coups lorsqu'ils sont autour du vert et il n'y a aucune raison pour que vous n'obteniez pas le même résultat. La technique du coup d'approche est relativement facile à maîtriser et à partir de cette étape, la qualité de votre jeu dépend principalement de votre capacité à visualiser, évaluer et sentir le coup à jouer.

VOTRE QUATRIÈME SEMAINE
Durant la quatrième semaine, vous apprendrez une technique qui vous permettra d'effectuer des coups d'approche fiables et réguliers afin de frapper la balle avec précision en tout temps et vous permettre d'augmenter votre sens du toucher et votre intuition autour des verts.

PRATIQUE STRUCTURÉE
Cette semaine, vous apprendrez comment vous positionner face à la balle pour un coup d'approche et on vous expliquera comment vous devez tenir votre bâton pour obtenir un meilleur contrôle en maintenant votre posture. Vous apprendrez à maîtriser une technique de coup d'approche régulière et vous effectuerez des exercices pour améliorer votre capacité à évaluer la distance et à visualiser le coup avant de le jouer.

PRATIQUE PERSONNALISÉE
En plus des exercices quotidiens recommandés, vous devriez ajouter des exercices de pratique additionnels en vous inspirant du tableau d'analyse de rendement de la page 28.

LES PRIORITÉS DE LA SEMAINE
Lundi   Préparation du coup d'approche
Mardi   Technique de coup d'approche

Mercredi   Contrôlez la distance
                  du coup d'approche
Jeudi   Améliorez votre imagination
               sur le terrain
Vendredi   Calez les coups roulés
                  sous pression
**Fin
de semaine**   Récapitulation et consolidation
                  des activités de la semaine

SEMAINE **4**

OBJECTIF DE LA SEMAINE
Votre objectif pour la semaine consistera à mettre au point une technique de coup d'approche solide qui vous permettra de caler la balle en deux coups de façon ponctuelle, peu importe l'endroit où vous vous trouviez autour du vert et, chose plus importante, vous assurer de ne jamais prendre plus de trois coups pour caler la balle.

SEMAINE 4

PRÉPARATION POUR LE COUP D'APPROCHE

La clé du succès des coups d'approche réside dans la préparation. En plaçant votre poids sur le pied avant et en jouant la balle derrière le centre des pieds, il sera plus facile, à chaque coup, de frapper la balle avec précision et par conséquent de réduire les risques de rater les coups autour du vert. Familiarisez-vous avec la position appropriée pour effectuer les coups d'approche de façon à ce qu'ils donnent l'impression d'être naturels.

TÂCHES À ACCOMPLIR

❶ Regardez un tournoi de golf à la télévision et observez comment les joueurs de haut niveau essaient toujours, autant que possible, de garder leur balle près du sol autour du vert.

EXERCICES DE PRATIQUE

Coup d'approche 1 – 20 répétitions (p 114)
Coup d'approche 2 – 10 répétitions (p 116)

LE COUP D'APPROCHE DE BASE

C'est le coup à jouer autour du vert quand aucun obstacle ne se dresse entre la balle et le trou. L'idée générale consiste à soulever la balle pour la faire tomber sur le vert où elle peut rouler jusqu'au trou, exactement comme pour un coup roulé. Mettez au point une technique de coup d'approche courte et compacte qui vous permettra de contrôler le coup avec vos bras et vos épaules en faisant une utilisation minimale des poignets.

TÂCHES À ACCOMPLIR

❶ Pour que vous constatiez l'importance de maintenir la balle près du sol, tenez-vous sur le bord du vert et faites rouler trois balles dans le trou. Prenez ensuite trois autres balles et essayez cette fois de les envoyer près du trou en les lançant dans les airs. Les trois premières balles parviendront toujours plus près du trou que les autres.

❷ Jouez une partie complète, notez les statistiques importantes et comparez votre rendement avec celui du tableau d'analyse.

EXERCICES DE PRATIQUE

Coup d'approche 1 – 20 répétitions (p 114)
Coup d'approche 2 – 10 répétitions (p 116)
Coup d'approche 3 – 10 répétitions (p 117)

LE CHOIX DU BÂTON

Bien que de nombreux joueurs de haut niveau possèdent un bâton préféré qu'ils emploient pour effectuer la majorité de leurs coups, il est préférable, à moins de jouer tous les jours, d'adapter le bâton au coup spécifique. Effectuez vos coups d'approche avec le bâton qui correspond le mieux à l'objectif, qu'il s'agisse d'un fer 4 ou d'un cocheur d'allée. Familiarisez-vous avec les différents rapports de distance et de roulement prévisibles avec un bâton donné. Ainsi, un fer 4 ne frappe pas la balle très loin, mais fait rouler la balle longtemps une fois qu'elle a atteint le vert, alors qu'avec un élan de même longueur, un cocheur de sable frappera la balle à la même distance, mais celle-ci s'arrêtera plus vite de rouler une fois qu'elle aura atteint le sol.

TÂCHES À ACCOMPLIR

❶ Frappez 40 balles sur le vert en effectuant tous les exercices préparatoires aux coups avant chacun des coups.

EXERCICES DE PRATIQUE

Coup d'approche 1 – 20 répétitions (p 114)
Coup d'approche 2 – 10 répétitions (p 116)
Coup d'approche 3 – 10 répétitions (p 117)
Sentir son coup d'approche 1
  – 10 répétitions (p 118)
Sentir son coup d'approche 2
  – 20 répétitions (p 119)

FAITES APPEL À VOTRE IMAGINATION

Lorsque vous aurez mis au point une technique valable et acquis le sens de la distance, il ne vous manquera qu'une bonne imagination pour réussir vos jeux de courte distance. En raison du nombre incalculable de situations susceptibles de se produire autour du vert, vous devrez fréquemment et inévitablement recourir à l'improvisation pour solutionner certains problèmes. Augmentez votre confiance en votre capacité d'improvisation en modifiant la position de vos pieds, la position de la balle, l'angle de la face du bâton et même votre élan afin de disposer d'une variété de coups différents.

TÂCHES À ACCOMPLIR

❶ À la toute fin de votre séance de pratique, réservez dix minutes pour essayer des coups de récupération difficiles. Ceci vous permettra de savoir ce qui est possible et impossible autour des verts.
❷ Pratiquez vos coups de courte distance avec un ami et introduisez un élément de compétition dans cette séance, de façon à recréer la pression présente sur un véritable terrain de golf.

EXERCICES DE PRATIQUE

Coup d'approche 1 – 20 répétitions (p 114)
Coup d'approche 2 – 10 répétitions (p 116)
Coup d'approche 3 – 10 répétitions (p 117)
Sentir son coup d'approche 1
  – 10 répétitions (p 118)
Sentir son coup d'approche 2
  – 20 répétitions (p 119)
Sentir son coup d'approche 3
  – 20 répétitions (p 120)

SEMAINE **4**

CALER LA BALLE POUR FINIR LE TRAVAIL

Bien que votre objectif consiste à envoyer la balle directement dans le trou, celle-ci se trouvera souvent à une distance de 1,2 mètre à 2 mètres (quatre à six pieds). Caler la balle est aussi important que la technique même du coup d'approche. Concentrez-vous autant sur votre coup roulé que sur votre coup d'approche et habituez-vous à planifier afin de vous ménager le coup roulé le plus simple possible au coup suivant.

EXERCICE À ACCOMPLIR
❶ Frappez 40 balles sur le vert en effectuant une série complète d'exercices préparatoires aux coups avant chacun des coups.

EXERCICES DE PRATIQUE
Coup d'approche 1 – 20 répétitions (p 114)
Coup d'approche 2 – 10 répétitions (p 116)
Coup d'approche 3 – 10 répétitions (p 117)
Coups roulés de courte distance 1
– 10 répétitions (p 135)
Coups roulés de courte distance 2
– 10 répétitions (p 136)

PERFECTIONNEZ VOS HABILETÉS À COURTE DISTANCE

Consacrez toute votre fin de semaine à perfectionner vos coups d'approche autour des verts et vos coups roulés de courte distance. Il s'agit d'un domaine dans lequel vous ne pratiquerez jamais trop. Perfectionnez votre technique d'approche et développez votre sens du toucher et de la sensation ainsi que de votre imagination et de votre répertoire de coups.

EXERCICE À ACCOMPLIR
❶ Frappez 40 balles sur le vert et assurez-vous d'effectuer une série complète d'exercices préparatoires aux coups avant chacun des coups.
❷ Jouez une partie complète, notez les statistiques importantes et comparez votre rendement actuel avec celui du tableau d'analyse de rendement.

EXERCICES DE PRATIQUE
Coup d'approche 1 – 50 répétitions (p 114)
Coup d'approche 2 – 30 répétitions (p 116)
Coup d'approche 3 – 20 répétitions (p 117)
Sentir son coup d'approche 1
– 20 répétitions (p 118)
Sentir son coup d'approche 2
– 20 répétitions (p 119)
Sentir son coup d'approche 3
– 20 répétitions (p 120)
Coups roulés de courte distance 1
– 20 répétitions (p 135)
Coups roulés de courte distance 2
– 20 répétitions (p 136)

5ᵉ SEMAINE — Le jeu de longue distance

Bien qu'une bonne maîtrise du jeu court compense souvent pour des coups de départ et d'approche médiocres, perfectionner vos coups de longue distance représente sans l'ombre d'un doute la façon la plus rapide d'améliorer votre handicap. Si vous êtes capable de frapper votre balle à une distance raisonnable avec une certaine précision, le reste du trou sera plus facile, car votre prochain coup sera exécuté avec un bâton moins long et plus facile à contrôler. Ceci veut dire que vous êtes en meilleure position pour frapper la balle sur le vert et plus près du trou. Améliorer la qualité de vos coups de longue distance produira un effet important sur le reste de votre jeu, ce qui vous permettra de réduire votre pointage.

VOTRE CINQUIÈME SEMAINE

Durant cette semaine, vous apprendrez à mieux évaluer la distance et la précision de vos coups de départ et à améliorer tous les aspects de vos coups de longue distance. Vous apprendrez également à façonner vos coups et à contrôler leur trajectoire. Vous trouverez cette aptitude particulièrement utile lorsque vous jouerez dans des conditions venteuses ou lorsque vous serez confronté à des obstacles comme des arbres ou des buissons bloquant votre chemin vers le vert.

PRATIQUE STRUCTURÉE

En commençant par le coup de départ, le programme d'exercices de la semaine vous indique comment modifier votre préparation afin d'apprendre à imprimer une courbe à la balle dans les airs ou à modifier la trajectoire de la balle.

PRATIQUE PERSONNALISÉE

En plus des exercices quotidiens, vous devriez également effectuer les exercices pertinents recommandés dans le tableau d'analyse de rendement. Il est également recommandé de varier la forme et la trajectoire de vos coups afin que votre cerveau s'habitue à un processus plus complexe pendant l'élan.

LES PRIORITÉS DE LA SEMAINE

Lundi	Bois de départ et d'allée
Mardi	Fers longs et fers courts
Mercredi	Légers crochets extérieurs
Jeudi	Légers crochets intérieurs
Vendredi	Coups en hauteur et peu élevés
Fin de semaine	Perfectionnement de vos habiletés à préparer vos coups

SEMAINE 5

OBJECTIF DE LA SEMAINE

Améliorer la technique de votre coup de départ de façon à atteindre l'allée avec régularité, frapper votre balle à environ 180 mètres (200 verges) du tertre de départ et améliorer vos coups de longue distance, de façon à pouvoir frapper vos coups d'approche sur le vert dans la moitié des cas.

COUP DE DÉPART – AMÉLIOREZ VOTRE PRÉPARATION

La majorité des problèmes des golfeurs sont causés par de mauvais coups de départ, ce qui est souvent la conséquence d'une méconnaissance des rudiments du golf. Le bois 1 grossira le moindre défaut de votre position de départ. Vous pouvez y remédier en adoptant une position des pieds large et en mettant un peu de poids supplémentaire sur le côté droit, de façon à ce que votre épaule fasse un tour complet. Jouez la balle en avant de vos pieds, en vous plaçant environ face à votre coup de pied gauche, de façon à frapper la balle légèrement dans la montée au moment de l'impact. Une préparation adéquate de vos coups de bois de départ et d'allée augmentera votre niveau de confiance, de sorte que vous serez en mesure d'envisager vos coups de départ et dans l'allée en direction du vert à partir de plusieurs angles différents de position de la balle.

TÂCHES À ACCOMPLIR

❶ Jouez une partie et notez les statistiques importantes.

❷ Consultez le tableau d'analyse de rendement afin d'identifier toute lacune importante dans votre jeu.

❸ Exercez-vous à déposer la balle à la hauteur appropriée sur le té, de façon à ce que la moitié de la balle soit visible par-dessus l'extrémité du bois 1.

EXERCICES DE PRATIQUE

Alignement 1 – 10 répétitions (p 80)
Alignement 2 – 10 répétitions (p 82)
Posture 1 – 10 répétitions (p 84)
Posture 2 – 10 répétitions (p 85)
Position de la balle 1 – 10 répétitions (p 87)
Préparation au coup de départ – 10 répétitions (p 99)
Élan pour le coup de départ – 20 répétitions (p 100)
Montée du bois – 10 répétitions (p 102)

FERS LONGS ET COURTS

Même si votre élan devrait demeurer le même, peu importe le bâton que vous utilisiez, il est certain que les fers plus longs seront plus difficiles à contrôler que les fers plus courts. Un coup de fer frappé avec plus de fermeté risque moins d'être dévié par le vent et la balle s'immobilisera rapidement une fois qu'elle aura atteint la surface du vert. Habituez-vous à effectuer le même élan avec chacun de vos fers et à maintenir le même niveau de confiance avec les fers longs qu'avec les fers moyens et les cocheurs.

TÂCHES À ACCOMPLIR

❶ Frappez 50 balles sur le terrain de pratique en effectuant vos nouveaux exercices de position avant de frapper chacun des coups.

❷ Pratiquez votre prise à la maison, en saisissant et en ressaisissant le bâton de la façon recommandée jusqu'à ce que le processus vous semble naturel et confortable.

❸ Faites une marche rapide de 15 minutes pour améliorer votre condition physique.

❹ Effectuez les exercices de pratique recommandés dans le tableau d'analyse de rendement.

EXERCICES DE PRATIQUE

Alignement 1 – 10 répétitions (p 80)
Alignement 2 – 10 répétitions (p 82)
Posture 1 – 10 répétitions (p 84)
Posture 2 – 10 répétitions (p 85)
Position de la balle 2 – 10 répétitions (p 88)
Série d'exercices – élan 1 – 10 répétitions (p 90)
Série d'exercices – élan 2 – 10 répétitions (p 91)
Série d'exercices – élan 3 – 10 répétitions (p 93)

FRAPPER UN LÉGER CROCHET EXTÉRIEUR

Bien des joueurs de haut niveau aiment imprimer à leur balle un léger crochet extérieur qui fait en sorte que la balle se déplace de gauche à droite dans les airs et ils le voient comme leur coup parfait, car il permet un niveau de contrôle et de précision élevés. La balle se dépose doucement et a moins tendance à rouler lorsqu'elle atteint le vert. Familiarisez-vous avec les changements à apporter à votre préparation afin d'obtenir ce déplacement de la balle de gauche à droite dans les airs. Vous devez pratiquer ce coup de manière à gagner de l'assurance et d'être confiant de pouvoir imprimer régulièrement une courbe à la balle.

TÂCHES À ACCOMPLIR

❶ Vérifiez votre préparation et votre posture en face d'un miroir et comparez-la à celle d'un golfeur de haut niveau possédant un physique semblable au votre en consultant un magazine ou un livre sur le golf.

❷ Effectuez les exercices recommandés dans le tableau d'analyse de rendement.

EXERCICES DE PRATIQUE

Coups contrôlés 1 – 30 répétitions (p 102)
Coups contrôlés 3 – 30 répétitions (p 105)
Série d'exercices – élan 1 – 10 répétitions (p 90)
Série d'exercices – élan 2 – 10 répétitions (p 91)
Série d'exercices – élan 3 – 10 répétitions (p 93)

FRAPPER UN LÉGER CROCHET INTÉRIEUR

Un léger crochet intérieur permet de frapper à une plus grande distance qu'un crochet extérieur, mais il a pour désavantage d'être difficile à contrôler en raison de l'effet brossé imprimé à la balle. La plupart des joueurs de haut niveau utilisent ce coup sur le tertre de départ, soit pour obtenir le maximum de distance, soit pour négocier un coude, bien qu'il s'agisse d'un coup utile si vous désirez frapper un coup d'approche avec pour objectif un drapeau dissimulé dans le coin gauche arrière d'un vert. Familiarisez-vous avec les changements à apporter à votre préparation afin d'obtenir un déplacement de droite à gauche de la balle dans les airs et pratiquez ce coup jusqu'à ce que vous soyez capable d'imprimer régulièrement une courbe à la balle.

TÂCHES À ACCOMPLIR

❶ Frappez 50 balles sur le terrain de pratique et effectuez une série complète d'exercices préparatoires à la position de départ avant chacun des coups et concentrez-vous à imprimer une forme particulière à votre coup avec chacune des balles.

❷ Pratiquez votre prise à la maison en saisissant et en ressaisissant votre bâton jusqu'à ce que la prise vous semble naturelle et confortable.

❸ Continuez de parfaire vos connaissances de base et votre position de départ à la maison devant un miroir.

❹ Effectuez les exercices recommandés dans le tableau d'analyse de rendement.

EXERCICES DE PRATIQUE

Coups contrôlés 2 – 30 répétitions (p 104)
Coups contrôlés 3 – 30 répétitions (p 105)
Série d'exercices – élan 1 – 10 répétitions (p 90)
Série d'exercices – élan 2 – 10 répétitions (p 91)
Série d'exercices – élan 3 – 10 répétitions (p 93)

SEMAINE **5**

COUPS EN HAUTEUR ET PRÈS DU SOL

La capacité de diversifier la trajectoire de vos coups vous aidera à déjouer des obstacles comme des arbres ou des buissons qui vous bloquent le chemin vers le vert et aussi à profiter d'un jeu sous le vent ou réduire les effets d'un vent de face. Familiarisez-vous avec les changements que vous devez apporter à votre position et à votre technique d'élan pour que l'envol de votre balle soit élevé ou bas.

PERFECTIONNEZ VOS HABILETÉS À DIRIGER LES COUPS

De nombreux golfeurs amateurs sont trop unidimensionnels dans leur approche face au jeu. Les meilleurs joueurs possèdent plusieurs coups contrôlés (dirigés), ce qui leur permet de faire face à différentes situations susceptibles de se produire au cours d'une partie. Améliorez vos habiletés à diriger les coups, de manière à être aussi à l'aise d'en frapper en hauteur comme des coups peu élevés et de légers crochets extérieurs ou intérieurs.

TÂCHES À ACCOMPLIR

❶ Frappez 50 balles sur le terrain de pratique et effectuez une série complète d'exercices préparatoires à la position de départ avant chacun des coups. Employez-vous à frapper une combinaison de coups en hauteur et près du sol, de même que de légers crochets extérieurs et de légers crochets intérieurs.

❷ Regardez un tournoi de golf sur DVD et observez comment les professionnels de haut niveau se conforment à leur routine de préparation aux coups, et ce même si la pression est à son comble.

❸ Effectuez les exercices préparatoires recommandés dans le tableau d'analyse de rendement.

EXERCICES DE PRATIQUE

Trajectoire 1 – 30 répétitions (p 106)
Trajectoire 2 – 30 répétitions (p 107)
Trajectoire 3 – 30 répétitions (p 108)
Série d'exercices – élan 1 – 10 répétitions (p 90)
Série d'exercices – élan 2 – 10 répétitions (p 91)
Série d'exercices – élan 3 – 10 répétitions (p 93)

TÂCHES À ACCOMPLIR

❶ Jouez une partie et notez les statistiques des éléments importants.

❷ Comparez vos statistiques avec celles du tableau d'analyse du rendement afin d'identifier toute lacune importante dans votre jeu.

❸ Essayez des positions des pieds, de la balle et des angles de la face du bâton différentes en position de départ et voyez de quelle façon elles influencent le vol de la balle.

❹ Exercez-vous à visualiser ce coup dans votre esprit et à mettre au point un élan qui produira le vol désiré.

EXERCICES DE PRATIQUE

Coups contrôlés 1 – 30 répétitions (p 102)
Coups contrôlés 2 – 30 répétitions (p 104)
Coups contrôlés 3 – 30 répétitions (p 105)
Trajectoire 1 – 30 répétitions (p 106)
Trajectoire 2 – 30 répétitions (p 107)
Trajectoire 3 – 30 répétitions (p 108)
Série d'exercices pour l'élan 1 – 10 répétitions (p 90)
Série d'exercices pour l'élan 2 – 10 répétitions (p 91)
Série d'exercices pour l'élan 3 – 10 répétitions (p 93)

6e SEMAINE

Coups d'approche et jouer dans une fosse de sable

Bien que les coups d'approche lobés et le jeu dans les fosses de sable ne soient pas les éléments les plus importants à améliorer pour devenir un golfeur accompli, la capacité de frapper des coups d'approche lobés sur le vert et de sortir la balle de la fosse de sable du premier coup évitent des coups inutiles. Bien des coups sont gaspillés à une distance de 60 mètres (70 verges) du drapeau, simplement parce que le golfeur est incapable d'envoyer la balle sur le vert à partir de cette distance et se voit obligé de recourir à un autre coup d'approche pour envoyer la balle près du trou. La même situation s'applique au jeu dans une fosse de sable.

VOTRE SIXIÈME SEMAINE

Votre sixième semaine consistera à effectuer des coups d'approche et atteindre le vert à partir d'une distance de 55 mètres à 60 mètres (60 à 70 verges), une zone cruciale pour le pointage pour bien des golfeurs amateurs – et portera sur les habiletés requises pour récupérer une balle dans le sable du premier coup.

PRATIQUE STRUCTURÉE

Les exercices de pratique que vous effectuerez cette semaine vous permettront de mettre au point une technique de coup d'approche régulière et une méthode pour évaluer la distance. Vous vous familiariserez également avec les rudiments du jeu dans les fosses de sable.

LES PRIORITÉS DE LA SEMAINE

Lundi	Technique de base du coup d'approche lobé
Mardi	Évaluer la distance pour le coup d'approche lobé
Mercredi	Préparation pour jouer dans une fosse de sable
Jeudi	Jouer dans une fosse de sable – l'élan
Vendredi	Caler la balle
Fin de semaine	Récapitulation des exercices de la semaine

OBJECTIF DE LA SEMAINE

Votre objectif de la semaine consiste d'abord à mettre au point une technique de coup d'approche lobé qui vous permettra d'envoyer la balle dans les airs et sur le vert à une distance de 60 mètres (70 verges) et moins. La seconde partie de votre objectif consiste à mettre au point une technique vous permettant de sortir votre balle d'une fosse de sable et de l'envoyer sur le vert au premier essai, ce qui vous permettra d'effectuer un coup roulé le coup suivant. Vous devez vous fixer comme objectif de ne jamais consacrer plus de trois coups pour caler la balle au moyen d'un coup d'approche ou si vous êtes dans une fosse de sable.

LE COUP D'APPROCHE LOBÉ

À la base, le coup d'approche lobé est une version abrégée de l'élan complet. Si on fait exception de quelques changements mineurs dans la préparation afin de réduire la distance de frappe, l'élan est exactement le même que pour un coup complet. L'adoption d'un bon rythme est la clé pour frapper la balle avec régularité. Vous devez vous fixer comme objectif de maîtriser les changements à apporter à votre position de départ et mettre au point un mouvement fluide pour votre coup d'approche lobé vous permettant de frapper la balle avec fermeté et précision coup sur coup.

TÂCHES À ACCOMPLIR

❶ Jouez une partie et notez les statistiques des éléments importants.
❷ Consultez le tableau d'analyse de rendement afin d'identifier toute lacune importante dans votre jeu.

EXERCICES DE PRATIQUE

Coup d'approche lobé 1 – 20 répétitions (p 108)
Prise 1 – 10 répétitions (p 74)
Prise 2 – 10 répétitions (p 75)
Posture 1 – 20 répétitions (p 84)
Posture 2 – 20 répétitions (p 85)
Rythme de l'élan 1 – 10 répétitions (p 96)
Rythme de l'élan 2 – 10 répétitions (p 97)

COUP D'APPROCHE LOBÉ – ÉVALUATION DE LA DISTANCE

Lorsque vous aurez acquis une certaine maîtrise de la technique de base du coup d'approche lobé, vous devrez apprendre à contrôler la distance de vos coups. Une bonne technique du coup d'approche lobé n'a aucune valeur si vous ne parvenez pas à en contrôler la distance. Vous devez être capable de frapper la balle avec confiance sur le vert à chaque occasion. Votre défi du jour consiste à mettre au point une méthode d'évaluation de la distance qui vous permettra d'adapter la longueur et la rapidité de votre élan au coup.

TÂCHES À ACCOMPLIR

❶ Frappez 50 balles sur le terrain de pratique en effectuant vos nouveaux exercices de position avant chacun des coups.
❷ Continuez à perfectionner votre technique de base. Concentrez-vous sur votre posture, car il est facile de relâcher l'angle de la colonne vertébrale et de s'affaisser au moment de frapper un coup d'approche lobé.
❸ Regardez un tournoi de golf sur DVD et observez comme les professionnels de haut niveau réussissent presque à tout coup à envoyer la balle sur le vert au moyen d'un coup d'approche lobé.
❹ Notez la distance à laquelle vous frappez la balle avec diverses longueurs de montée et différents bâtons lorsque vous effectuez votre coup d'approche lobé.

EXERCICES DE PRATIQUE

Coup d'approche lobé 1 – 20 répétitions (p 108)
Coup d'approche lobé 2 – 20 répétitions (p 110)
Coup d'approche lobé 3 – 20 répétitions (p 111)
Coup d'approche lobé 4 – 10 répétitions (p 112)
Prise 1 – 10 répétitions (p 74)
Prise 2 – 10 répétitions (p 75)
Posture 1 – 20 répétitions (p 84)
Posture 2 – 20 répétitions (p 85)

SEMAINE
6

PRÉPARATION POUR JOUER DANS UNE FOSSE DE SABLE

Même les meilleurs joueurs au monde ne parviennent à sortir d'une fosse de sable et à caler leur balle en deux coups que six ou sept fois sur dix. Vous n'êtes donc pas obligé de maîtriser cet aspect particulier du jeu. Cependant, vous devriez pouvoir arriver à un niveau où vous sortirez la balle de la fosse de sable et atteindre le vert du premier coup afin que votre coup suivant soit un coup roulé. Apprenez quels changements apporter à votre position de départ et les raisons de ces changements. Répétez les exercices de préparation pour que ce coup devienne un automatisme lorsque votre balle se retrouve dans une fosse de sable.

TÂCHES À ACCOMPLIR

❶ Assurez-vous que votre cocheur de sable possède une large semelle (plat du bâton) qui donne l'impression d'être un peu plus lourde que le reste de vos fers. Si ce n'est pas le cas, songez à échanger votre bâton pour un autre de marque différente. Le cocheur de sable Ping est réputé pour être l'un des meilleurs pour les golfeurs amateurs.

❷ Installez-vous dans une fosse de sable et remplissez un gobelet de sable. Il s'agit de la quantité de sable que vous devez éliminer lorsque vous jouez votre coup. Sentez à quel point ce sable est lourd.

EXERCICES DE PRATIQUE

Exercices – position pour jouer dans une fosse de sable 1 – 20 répétitions (p 120)

Exercices – position pour jouer dans une fosse de sable 2 – 20 répétitions (p 122)

JOUER DANS UNE FOSSE DE SABLE – L'ÉLAN

Une fois que vous vous êtes installé convenablement pour frapper la balle dans la fosse de sable, la clé du succès consiste à s'élancer le long de la ligne du corps et non en ligne avec la balle ou l'objectif. Ceci permettra à la face du bâton de demeurer ouverte pendant l'impact et assurera qu'il glisse sous la balle plutôt que de s'enfoncer profondément dans le sable. Familiarisez-vous avec la trajectoire d'élan appropriée et comprenez pourquoi il vous faut effectuer un élan presque complet pour sortir la balle de la fosse de sable.

TÂCHES À ACCOMPLIR

❶ Frappez 30 coups sur le terrain de pratique et effectuez un exercice complet de position de départ avant chacun de vos coups.

❷ Ne frappez pas tous vos coups de pratique pour la fosse de sable à partir d'un angle parfait. Frappez quelques balles à partir de positions difficiles dans la fosse de sable afin de reproduire une situation réaliste, susceptible de se produire sur le terrain.

❸ Regardez un tournoi de golf sur DVD et étudiez la technique employée dans la fosse de sable par les professionnels. Remarquez qu'ils prennent presque toujours un élan complet pour sortir de la fosse de sable.

EXERCICES DE PRATIQUE

Exercice de position de jeu dans une fosse de sable 1 – 20 répétitions (p 120)

Exercice de position de jeu dans une fosse de sable 2 – 20 répétitions (p 122)

Jouer dans une fosse de sable 1 – 20 répétitions (p 124)

Jouer dans une fosse de sable 2 – 20 répétitions (p 125)

SEMAINE 6

CALER LA BALLE AVEC CONVICTION

Tout comme le calage du coup roulé de retour est une partie essentielle de votre succès dans l'ensemble de vos coups d'approche lobés, votre capacité à caler vos coups roulés d'une distance de 1,5 mètre à 2 mètres (cinq ou six pieds) peut faire une énorme différence dans votre pointage à la fin d'une partie. À moins que vous ne soyez très habile dans les fosses de sable, vous devrez effectuer régulièrement des coups roulés d'environ 3 mètres (dix pieds) pour jouer la normale. Mettez au point un coup roulé régulier et fiable afin de connaître du succès avec les coups roulés de courte et de moyenne distance.

TÂCHES À ACCOMPLIR

❶ Frappez 30 balles sur le terrain de pratique et effectuez vos exercices de position de départ avant chacun des coups.

❷ Regardez un tournoi de golf sur DVD et voyez comment les professionnels de haut niveau abordent les coups roulés de courte distance avec confiance et frappent leur balle avec conviction plutôt que de faire rouler timidement leur balle en direction du trou.

EXERCICES DE PRATIQUE

Exercice de position de jeu dans une fosse de sable 1 – 20 répétitions (p 120)

Exercice de position de jeu dans une fosse de sable 2 – 20 répétitions (p 122)

Jouer dans une fosse de sable 1 – 20 répétitions (p 124)

Jouer dans une fosse de sable 2 – 20 répétitions (p 125)

Exercices de position pour le coup roulé – 10 répétitions (p 126)

Exercices – coup roulé – 15 répétitions (p 127)

Coups roulés de courte distance 1 – 20 répétitions (p 135)

Coups roulés de courte distance 2 – 20 répétitions (p 136)

COUP D'APPROCHE LOBÉ ET JEU DANS UNE FOSSE DE SABLE – RÉCAPITULATION

Utilisez la fin de semaine pour mettre au point et parfaire votre technique de jeu dans la fosse de sable afin d'acquérir la confiance nécessaire pour contrôler la distance de vos coups d'approche lobés et sortir la balle de la fosse de sable du premier coup.

TÂCHES À ACCOMPLIR

❶ Jouez une partie et notez les statistiques des éléments importants.

❷ Comparez vos statistiques avec celles du tableau d'analyse de rendement afin d'identifier toute lacune importante dans votre jeu.

❸ Apprenez à jouer vos coups d'approche lobés avec différents bâtons afin d'acquérir une plus grande polyvalence.

EXERCICES DE PRATIQUE

Coup d'approche lobé 1 – 20 répétitions (p 108)

Coup d'approche lobé 2 – 20 répétitions (p 110)

Coup d'approche lobé 3 – 20 répétitions (p 111)

Coup d'approche lobé 4 – 10 répétitions (p 112)

Exercice de position de jeu dans une fosse de sable 1 – 20 répétitions (p 120)

Exercice de position de jeu dans une fosse de sable 2 – 20 répétitions (p 122)

Exercice de position de jeu dans une fosse de sable 3 – 20 répétitions (p 123)

Jouer dans une fosse de sable 1 – 20 répétitions (p 124)

Jouer dans une fosse de sable 2 – 20 répétitions (p 125)

Exercice de position pour le coup roulé – 10 répétitions (p 126)

Exercices – coup roulé – 15 répétitions (p 127)

Coups roulés de courte distance 1 – 20 répétitions (p 135)

Coups roulés de courte distance 2 – 20 répétitions (p 136)

7ᵉ SEMAINE   Récapitulation du jeu à courte distance

Maintenant que vous avez pratiqué tous les aspects importants du jeu à courte distance, il est temps d'assembler tous ces éléments de façon à acquérir une maîtrise complète de toutes les habiletés requises pour parvenir avec régularité à caler votre balle en deux coups une fois qu'elle est autour du vert.

VOTRE SEPTIÈME SEMAINE

Bien que vous devrez continuer à effectuer les exercices recommandés par le tableau d'analyse du rendement, cette semaine sera consacrée exclusivement à tous les éléments du jeu de courte distance.

PRATIQUE STRUCTURÉE

Les exercices de pratique que vous effectuerez cette semaine vous rappelleront les techniques requises pour exécuter les coups de base d'une distance de 55 mètres (60 verges) et moins du vert et vous aideront également à mieux évaluer la distance pour obtenir le meilleur contrôle possible sur chaque coup.

LES PRIORITÉS DE LA SEMAINE

Lundi	Le coup d'approche lobé
Mardi	Le coup d'approche régulier
Mercredi	Jeu dans la fosse de sable
Jeudi	Apprendre à improviser
Vendredi	Caler la balle
Fin de semaine	Concentration sur le jeu court

SEMAINE **7**

OBJECTIF DE LA SEMAINE

Votre objectif de la semaine consiste à améliorer votre technique et à augmenter votre sens du toucher et votre intuition dans tous les aspects importants du jeu de courte distance et à atteindre le niveau de rendement nécessaire pour devenir un golfeur accompli.

LE COUP D'APPROCHE LOBÉ

Il s'agit d'un élément clé dans le pointage pour les golfeurs de tous les niveaux. Les meilleurs joueurs prévoiront caler la balle en deux coups lorsqu'ils se trouvent à une distance de 55 mètres (60 verges) et moins du vert, mais il est également important de ne pas prendre plus de trois coups pour caler la balle à partir de cette distance. Idéalement, la balle devrait se retrouver à dix pour cent ou moins du nombre de verges que vous frappez avec ce bâton. Ainsi, si votre coup d'approche lobé est de 55 mètres (60 verges), vous devriez prévoir envoyer votre balle à cinq mètres (six verges) ou moins du trou.

LE COUP D'APPROCHE DE BASE

Il s'agit de votre meilleur coup autour du vert et vous devriez continuellement améliorer votre technique et travailler sur le toucher et la sensation. S'il n'y a aucun obstacle entre la balle et le trou, ce coup n'est qu'une version allongée de votre coup roulé et il n'y aucune raison pour laquelle vous ne pourriez le maîtriser dans un court laps de temps. Améliorez votre toucher et votre capacité de faire rebondir la balle sur le vert.

TÂCHES À ACCOMPLIR

❶ Jouez une partie et notez les statistiques des éléments importants.

❷ Consultez le tableau d'analyse de rendement afin d'identifier toute lacune importante dans votre jeu.

❸ Vérifiez les distances en mètres (verges) que vous atteignez avec vos cocheurs et les points de référence de votre montée.

❹ Exercez-vous à diversifier le relâchement au moment de l'impact en maintenant la face du bâton ouverte à travers la balle ou en faisant pivoter vos avant-bras de façon plus agressive pour obtenir des coups imprimant plus d'effet à la balle qui s'arrêtera rapidement et roulera moins longtemps une fois qu'elle aura atteint le vert.

EXERCICES DE PRATIQUE

Coup d'approche lobé 1 – 20 répétitions (p 108)
Coup d'approche lobé 2 – 20 répétitions (p 110)
Coup d'approche lobé 3 – 10 répétitions (p 111)
Coup d'approche lobé 4 – 20 répétitions (p 112)
Coup d'approche lobé 5 – 10 répétitions (p 113)
Coup d'approche lobé 6 – 10 répétitions (p 114)

TÂCHES À ACCOMPLIR

❶ Frappez 30 balles sur le terrain de pratique et effectuez vos exercices de préparation avant chacun des coups.

❷ Pratiquez les exercices de base de l'élan à la maison, idéalement devant un miroir.

❸ Essayez de tenir le bâton avec votre prise de coup roulé pour jouer les coups d'approche à partir du tablier. Réduire le mouvement du poignet aide à maintenir la balle près du sol.

❹ Exercez-vous à envoyer la balle au même endroit sur le vert à partir de la même position en utilisant différents bâtons.

EXERCICES DE PRATIQUE

Coup d'approche 1 – 20 répétitions (p 114)
Coup d'approche 2 – 10 répétitions (p 116)
Coup d'approche 3 – 10 répétitions (p 117)
Sentir son coup d'approche 1
– 10 répétitions (p 118)
Sentir son coup d'approche 2
– 20 répétitions (p 119)
Sentir son coup d'approche 3
– 20 répétitions (p 120)

JOUER DANS UNE FOSSE DE SABLE

C'est un aspect du jeu qui cause passablement d'ennuis aux golfeurs amateurs. Ne vous imposez pas de pression en croyant qu'il vous faut absolument sortir la balle de la fosse en deux coups pour réduire votre handicap. Si vous y parvenez une fois sur trois et que vous parvenez à caler votre balle en trois le reste du temps, votre jeu dans la fosse de sable est plus qu'adéquat. Passez en revue les changements nécessaires à votre préparation, comprenez pourquoi vous devez effectuer un élan complet à presque tous les coups et efforcez-vous d'améliorer votre technique et le contrôle de la distance.

TÂCHES À ACCOMPLIR

❶ Vérifiez votre préparation et votre posture devant un miroir et comparez-les avec ceux d'un joueur de haut niveau en consultant un magazine de golf ou un guide d'instruction comme référence.

❷ Pratiquez votre préparation pour le jeu dans la fosse de sable et habituez-vous à vous élancer le long de la ligne de vos pieds et de votre corps au lieu de vous aligner sur la balle ou l'objectif.

EXERCICES DE PRATIQUE

Exercice de position de jeu dans une fosse de sable 1 – 20 répétitions (p 120)

Exercice de position de jeu dans une fosse de sable 2 – 20 répétitions (p 122)

Exercice de position de jeu dans une fosse de sable 3 – 10 répétitions (p 123)

Jouer dans une fosse de sable 1 – 20 répétitions (p 124)

Jouer dans une fosse de sable 2 – 20 répétitions (p 125)

APPRENDRE À IMPROVISER

Votre balle se retrouvera souvent sur la terre nue, enfoncée dans le sable, dans la face d'une fosse de sable ou même dans une motte de gazon. Un des aspects importants pour réduire votre handicap à moins de dix réside dans la capacité de surmonter ces situations difficiles et ne pas les laisser miner vos pointages. Habituez-vous à adapter la position de vos pieds et à modifier la position de la balle, la répartition du poids, l'angle de la face du bâton et même votre élan afin d'obtenir une plus grande variété de coups.

TÂCHES À ACCOMPLIR

❶ Pratiquez les mouvements de base de l'élan à la maison.

❷ Asseyez-vous et visualisez-vous en train d'effectuer la préparation parfaite pour l'élan, des élans réussis et de caler vos balles avec confiance en évaluant avec précision le rythme de vos coups roulés.

❸ Prenez dix balles, lancez-les au-dessus de votre tête sur le vert de pratique pour les coups d'approche et jouez chacune d'elles à partir de l'endroit où elles se trouvent.

EXERCICES DE PRATIQUE

Coup d'approche 1 – 20 répétitions (p 114)

Coup d'approche 2 – 10 répétitions (p 116)

Coup d'approche 3 – 10 répétitions (p 117)

Exercice de position de jeu dans une fosse de sable 1 – 10 répétitions (p 120)

Exercice de position de jeu dans une fosse de sable 2 – 10 répétitions (p 122)

Jouer dans une fosse de sable 1 – 10 répétitions (p 124)

Jouer dans une fosse de sable 2 – 10 répétitions (p 125)

Coup d'approche lobé 1 – 10 répétitions (p 108)

Coup d'approche lobé 2 – 10 répétitions (p 110)

Coup d'approche lobé 3 – 10 répétitions (p 111)

SEMAINE 7

CALER LA BALLE AVEC CONVICTION

Malheureusement, un coup d'approche régulier, un coup d'approche lobé ou un coup explosé bien effectué n'est que la moitié de la solution lorsqu'il est question de caler la balle à partir d'une zone à l'extérieur du vert. Dans de nombreuses circonstances, c'est votre capacité à caler la balle d'une distance de 2 mètres ou moins (six pieds) qui détermine l'efficacité globale de votre jeu de courte distance. Mettez au point un coup roulé ferme et à la technique éprouvée sur lequel vous pourrez compter pour atteindre votre cible lorsque votre balle se trouve à une distance de deux mètres (six pieds) ou moins.

TÂCHES À ACCOMPLIR

❶ Frappez 50 balles sur le terrain de pratique et effectuez les exercices de position avant chacun des coups.

❷ Regardez un tournoi de golf sur DVD et observez comment les professionnels de haut niveau se conforment à leur routine préparatoire de coups, et ce, même si la pression est à son comble.

EXERCICES DE PRATIQUE

Exercice – position pour le coup roulé – 10 répétitions (p 126)
Exercice – coup roulé – 15 répétitions (p 127)
Coups roulés de courte distance 1 – 20 répétitions (p 135)
Coups roulés de courte distance 2 – 20 répétitions (p 136)
Coups roulés de courte distance 3 – 20 répétitions (p 137)

RÉCAPITULATION COMPLÈTE DU JEU DE COURTE DISTANCE

Vous devriez maintenant avoir une bonne compréhension de tous les éléments à regrouper pour réussir vos jeux de courte distance. Fixez-vous un objectif de succès de 30 à 40 pour cent dans le sable, de 50 à 60 pour cent autour du vert et de 20 à 30 pour cent à une distance de 65 mètres (70 verges) ou moins du drapeau.

TÂCHES À ACCOMPLIR

❶ Jouez une partie et notez les statistiques des éléments importants.

❷ Comparez vos statistiques avec celles du tableau d'analyse de rendement afin d'identifier toute lacune importante dans votre jeu.

❸ Assurez-vous de toujours employer les mêmes marque et modèle de balle pour une régularité optimale.

EXERCICES DE PRATIQUE

Coup d'approche lobé 1 – 20 répétitions (p 108)
Coup d'approche lobé 2 – 20 répétitions (p 110)
Coup d'approche lobé 3 – 20 répétitions (p 111)
Coup d'approche lobé 4 – 10 répétitions (p 112)
Exercice de position de jeu dans une fosse de sable 1 – 20 répétitions (p 120)
Exercice de position de jeu dans une fosse de sable 2 – 20 répétitions (p 122)
Jouer dans une fosse de sable 1 – 20 répétitions (p 124)
Jouer dans une fosse de sable 2 – 20 répétitions (p 125)
Exercice de position pour le coup roulé – 10 répétitions (p 126)
Pratique du coup roulé – 15 répétitions (p 127)
Coups roulés de courte distance 1 – 20 répétitions (p 135)
Coups roulés de courte distance 2 – 20 répétitions (p 136)

SEMAINE 7

8ᵉ SEMAINE ▶ Apprendre à jouer en fonction du pointage

Maintenant que vous avez couvert la plupart des aspects importants du jeu, il est temps de délaisser le côté technique du golf pour vous concentrer sur la manière d'obtenir un bon pointage. Comme tout professionnel de haut niveau vous le dirait, il s'agit d'un art et d'une habileté essentielle dont vous devez faire l'apprentissage si vous désirez atteindre votre objectif de réduire votre handicap à moins de dix.

Mercredi	Améliorez l'aspect mental de votre jeu
Jeudi	Golf pourcentage de base
Vendredi	Comment jouer sur les trous à normales 3, 4 et 5
Fin de semaine	Récapitulation et mise en œuvre des nouvelles connaissances

VOTRE HUITIÈME SEMAINE
Cette semaine vous devrez vous concentrer principalement sur l'aspect mental du jeu et les habiletés à maîtriser le parcours. Ce sont les deux éléments essentiels du jeu où vous avez la capacité d'améliorer instantanément votre pointage en pensant de manière positive.

PRATIQUE STRUCTURÉE
Au cours de la semaine, vous vous concentrerez davantage sur le jeu que sur la pratique. Bien que vous devrez effectuer les exercices recommandés en fonction de vos statistiques par rapport au tableau d'analyse de rendement, vous consacrerez la majeure partie de la semaine à vous familiariser avec la préparation mentale et apprendre comment penser sur le terrain. Vous devez vous fixer comme objectif de planifier et de penser à vos objectifs pour chacun des coups. Fixez-vous un résultat précis pour chacun de vos coups et voyez jusqu'à quel point vous vous en approchez.

LES PRIORITÉS DE LA SEMAINE
Lundi	Mettre au point une préparation d'avant partie
Mardi	Élaborer un plan de jeu

OBJECTIF DE LA SEMAINE
Votre objectif de la semaine consiste à apprendre à réduire le nombre d'erreurs mentales et de méconnaissance du parcours que vous commettez durant une partie et à éviter de gaspiller des coups sur le terrain.

SEMAINE 8

MISE AU POINT D'EXERCICES D'AVANT PARTIE

Les meilleurs joueurs au monde ont une routine d'exercices préparatoires d'avant partie et ils s'y conforment avant chaque partie de golf. Ceci leur donne de l'assurance et leur permet de se préparer exactement de la même façon chaque fois, ce qui est un gage de régularité. Mettez au point votre propre routine d'exercices préparatoires qui vous permettra de vous détendre et d'être prêt à attaquer le tertre de départ et à disputer votre partie avec confiance.

TÂCHES À ACCOMPLIR

❶ Asseyez-vous et préparez un horaire d'avant partie par écrit à partir du moment où vous arrivez sur le terrain, 45 minutes avant l'heure du départ. Voyez les recommandations de la page 140 sur la manière de structurer votre routine.

❷ Jouez une partie de golf en respectant votre nouvel horaire d'avant-partie et notez les statistiques des éléments importants.

❸ Consultez le tableau d'analyse de rendement afin d'identifier toute lacune importante dans votre jeu.

EXERCICES DE PRATIQUE

Exercice préparatoire aux coups 1
– 10 répétitions (p 78)
Exercice préparatoire aux coups 2
– 1 répétition (p 80)

METTEZ AU POINT UN PLAN POUR LA PARTIE

Si vous jouez presque toujours au même endroit, vous devriez mettre au point un plan de jeu pour chacun des trous afin d'envisager la partie de la manière la plus efficace possible. Même si vous jouez pour la première fois sur un terrain, il est tout de même utile de préparer une stratégie avant la partie pour les principaux trous. Vous apprendrez l'importance de préparer chaque partie minutieusement et de prendre l'habitude de planifier chacun des trous et le parcours à l'avance.

TÂCHES À ACCOMPLIR

❶ Imaginez que vous jouez une partie à votre terrain de golf local lorsque vous êtes sur le terrain de pratique et que vous choisissez les bâtons à employer. Jouez chaque coup à partir de l'endroit où vous croyez que votre balle aurait pu atterrir sur le parcours jusqu'à ce que vous parveniez sur le vert.

❷ Continuez de pratiquer vos mouvements de base à la maison et revoyez votre préparation devant un miroir.

❸ Rédigez un plan de jeu avant votre prochaine partie à votre terrain de golf local.

❹ Consultez les cœfficients de difficulté sur la carte du terrain de golf local et demandez-vous pourquoi le trou au cœfficient 1 est le plus difficile et celui dont le cœfficient est de 18 le plus facile.

EXERCICES DE PRATIQUE

Exercices préparatoires aux coups 1
– 10 répétitions (p 78)
Exercices préparatoires aux coups 2
– 1 répétition (p 80)

SEMAINE

8

AMÉLIOREZ L'ASPECT MENTAL DE VOTRE JEU

À partir de cette étape du programme, vous devez adopter une attitude positive face au jeu. Il n'y a pas de place pour la pensée négative ou pour douter de vos capacités et vous devriez vous concentrer uniquement sur votre objectif, soit d'atteindre un handicap inférieur à 10. Concentrez-vous sur les aspects et résultats positifs de votre jeu que vous désirez atteindre. Ne permettez à aucune pensée négative de vous perturber.

GOLF POURCENTAGE DE BASE

Vous possédez maintenant un meilleur contrôle de vos coups qu'au début du programme. Il ne devrait donc pas être trop difficile d'améliorer votre maîtrise du parcours. Toutefois, les principes demeurent les mêmes, peu importe votre niveau d'habileté, même si vos stratégies de jeu pour certains trous devront obligatoirement être modifiées au fur et à mesure que votre capacité à varier les coups augmentera. Réévaluez vos stratégies de jeu afin qu'elles soient compatibles avec vos nouvelles capacités en tant que golfeur.

TÂCHES À ACCOMPLIR

❶ Visualisez-vous dans une position idéale sur le terrain en train d'effectuer un élan parfait.

❷ Frappez 30 balles sur le terrain de pratique en vous assurant de visualiser attentivement chacun des coups avant de les effectuer.

❸ Réévaluez vos objectifs. Êtes-vous en train d'essayer de les atteindre ou l'avez-vous déjà fait ? Si c'est le cas, vous devrez vous préparer à affronter de nouveaux défis.

EXERCICES DE PRATIQUE

Exercices préparatoires aux coups 1
– 10 répétitions (p 78)
Exercices préparatoires aux coups 2
– 1 répétition (p 80)

TÂCHES À ACCOMPLIR

❶ Jouez une partie de golf amicale en vous concentrant uniquement sur votre maîtrise du parcours et vos capacités de visualisation. Conformez-vous à votre stratégie à chacun des trous.

❷ Lisez les sections concernant la maîtrise du parcours et l'attitude mentale afin de vous remémorer les principes de base.

❸ Après la partie, ne songez qu'à vos bons coups et visualisez-les mentalement.

EXERCICES DE PRATIQUE

Exercices préparatoires aux coups 1
– 10 répétitions (p 78)
Exercices préparatoires aux coups 2
– 1 répétition (p 80)

SEMAINE **8**

STRATÉGIES DE JEU ADAPTÉES AUX DIFFÉRENTS TROUS

À ce stade, vous devriez avoir une bonne idée de vos forces et de vos faiblesses dans tous les aspects du jeu. Vous pouvez utiliser cette information pour établir vos stratégies de jeu en fonction de divers types de trous comme ceux dont la normale est de 3, 4 ou 5, courts ou longs. Identifiez les points forts et les points faibles de votre jeu et planifiez votre jeu et vos stratégies en conséquence. L'objectif consiste à tirer le maximum de chacun des coups avec le bâton que vous aimez le moins ou de la position la moins favorable.

REGROUPEZ VOS HABILETÉS ESSENTIELLES DE MAÎTRISE DU PARCOURS

Adopter la bonne attitude, bien se préparer et prendre les bonnes décisions sont des habiletés qui doivent être regroupées pour bien maîtriser un parcours. Votre objectif de la fin de semaine consiste à mettre au point une série d'exercices d'avant-partie qui comprennent une visualisation efficace et la capacité de planifier. Ces exercices vous aideront à maintenir un niveau de concentration élevé afin de diminuer les risques d'erreurs mentales sur le terrain.

TÂCHES À ACCOMPLIR
1 Jouez une partie et notez les statistiques des éléments importants.
2 Comparez vos statistiques avec celles du tableau d'analyse de rendement afin d'identifier toute lacune importante dans votre jeu et effectuez les exercices appropriés.
3 Frappez 50 balles sur le terrain de pratique et effectuez vos exercices de position avant chacun des coups.

EXERCICES DE PRATIQUE
Exercices préparatoires aux coups 1
– 10 répétitions (p 78)
Exercices préparatoires aux coups 2
– 1 répétition (p 80)

TÂCHES À ACCOMPLIR
1 Apportez seulement le bâton que vous aimez le moins au terrain de pratique et frappez autant de balles qu'il en faudra pour rétablir votre confiance.
2 Asseyez-vous et prenez le temps de penser aux caractéristiques de votre terrain habituel et identifiez les principaux coups dont vous avez besoin pour être en mesure de jouer sur les trous à normale 3, 4 et 5 afin d'obtenir un bon pointage.
3 Regardez un tournoi de golf sur DVD et voyez de quelle façon les golfeurs de haut niveau abordent les trous les plus difficiles.

EXERCICES DE PRATIQUE
Exercices préparatoires aux coups 1
– 10 répétitions (p 78)
Exercices préparatoires aux coups 2
– 1 répétition (p 80)

9ᵉ SEMAINE

Perfectionnement des éléments importants dans la réduction du pointage

Alors que vous vous dirigez vers les dernières semaines de votre programme d'amélioration, vous devez centrer toute votre attention sur le renforcement de tous les aspects de votre jeu, de sorte que vous ne présentiez pas de lacunes apparentes et le perfectionnement de toutes les techniques nécessaires aux principaux éléments qui influencent le pointage.

VOTRE NEUVIÈME SEMAINE

Durant votre neuvième semaine, vous apprendrez à mieux maîtriser les différents aspects clés du pointage comme vos coups de départ, vos coups de fer, vos coups roulés de longue distance ainsi que vos coups d'approche réguliers et lobés.

PRATIQUE STRUCTURÉE

Les exercices de pratique que vous effectuerez cette semaine vous permettront d'améliorer votre rendement dans tous les aspects du jeu qui causent généralement le plus de problèmes aux golfeurs amateurs et qui se traduisent par des coups ratés.

LES PRIORITÉS DE LA SEMAINE

Lundi	Coups de départ
Mardi	Contrôle de la distance avec les fers
Mercredi	Coups d'approche lobés
Jeudi	Coups d'approche réguliers
vendredi	Coups roulés de longue distance
Fin de semaine	Récapitulation de la semaine

OBJECTIF DE LA SEMAINE

Votre objectif de la semaine consiste à optimiser votre potentiel de pointage dans tous les aspects importants du jeu.

SEMAINE 9

LE COUP DE DÉPART

Pour obtenir un handicap inférieur à 10, vous devrez être capable de réussir des coups de départ de plus de 180 mètres (200 verges) avec suffisamment de précision et de régularité. Ceci vous permettra d'atteindre le vert à votre deuxième coups sur les trous à normale 4 les plus courts et vous donnera la possibilité de frapper votre balle sur le vert sur les trous plus longs à normale 4 ou, au pire, vous obligera à utiliser un coup d'approche régulier ou lobé à votre troisième coup. Plus vous frapperez la balle loin et en ligne droite, plus le reste du trou sera facile.

CONTRÔLE DE LA DISTANCE AVEC LES FERS

Plusieurs coups ratés sont des coups d'approche qui ne se sont pas rendus sur le vert. Ce sont des coups inutiles qui résultent généralement du fait de ne pas savoir quelle distance vous êtes capable d'atteindre avec chacun des bâtons ou d'avoir laissé votre orgueil procéder à la sélection du bâton. Éliminez ces erreurs dans la sélection des bâtons en mesurant la distance que vous êtes en mesure d'atteindre avec chacun de vos bâtons. Ceci vous permettra d'être plus discipliné dans votre choix de bâton et plus réaliste dans votre perception de la distance à laquelle vous pouvez frapper la balle.

TÂCHES À ACCOMPLIR

❶ Jouez une partie et notez les statistiques des éléments importants.

❷ Consultez le tableau d'analyse de rendement afin d'identifier toute lacune importante dans votre jeu.

❸ Choisissez des objectifs de petite dimension à atteindre lorsque vous frappez vos coups de départ afin de réduire votre marge d'erreur.

EXERCICES DE PRATIQUE

Alignement 1 – 10 répétitions (p 80)

Alignement 2 – 10 répétitions (p 82)

Alignement 3 – 10 répétitions (p 83)

Position de la balle 1 – 10 répétitions (p 87)

Posture 2 – 5 répétitions (p 85)

Préparation pour le bois – 10 répétitions (p 99)

Élan avec le bois – 10 répétitions (p 100)

Montée avec le bois – 10 répétitions (p 102)

TÂCHES À ACCOMPLIR

❶ Calculez le nombre de mètres (verges) que vous êtes en mesure de frapper avec chacun de vos bâtons.

❷ Frappez cinq balles avec chacun des bâtons sur le terrain de pratique et voyez combien de coups vous frappez de façon parfaite.

❸ Continuez de pratiquer vos exercices de base à la maison. Votre prise et votre posture jouent un rôle particulièrement important dans votre habileté à bien frapper la balle.

EXERCICES DE PRATIQUE

Alignement 1 – 10 répétitions (p 80)

Alignement2 – 10 répétitions (p 82)

Alignement 3 – 10 répétitions (p 83)

Posture 1 – 10 répétitions (p 84)

Posture 2 – 5 répétitions (p 85)

Position de la balle 2 – 10 répétitions (p 88)

Exercice pour l'élan 1 – 10 répétitions (p 90)

Exercice pour l'élan 2 – 10 répétitions (p 91)

Exercice pour l'élan 3 – 10 répétitions (p 93)

Exercice pour l'élan 4 – 10 répétitions (p 94)

LE COUP D'APPROCHE LOBÉ

Le nombre de coups d'approche lobés frappés durant une partie de golf moyenne constitue un bon indice de la qualité d'ensemble de votre jeu. Si vous devez continuellement effectuer des coups d'approche lobés sur le vert à une distance de 25 à 65 mètres (30 à 70 verges), vos coups de longue distance ne sont définitivement pas assez bons. Toutefois, il s'agit d'un aspect important au niveau du pointage, car vous devrez sans doute utiliser plusieurs coups d'approche lobés sur des trous à normale 5 et des trous à normale 4 longs. Mettez au point la technique de votre coup d'approche lobé et le contrôle de la distance afin d'atteindre le vert de façon régulière et de placer votre balle à proximité du drapeau.

LE COUP D'APPROCHE

L'erreur la plus fréquente des golfeurs amateurs consiste à conserver la même position des pieds et de la balle pour chacun des coups, sans tenir compte du fait que vous utilisez un bois 1 ou un cocheur d'allée. Efforcez-vous d'améliorer votre technique de base, votre contrôle de la distance et votre polyvalence autour des verts.

TÂCHES À ACCOMPLIR

❶ Frappez 30 coups sur le terrain de pratique en effectuant un exercice complet de position avant chacun des coups.

❷ Pratiquez vos coups d'approche en utilisant plusieurs bâtons différents pour améliorer la sensation et la polyvalence.

❸ Regardez un tournoi de golf sur DVD et observez de quelle façon les joueurs de haut niveau conservent leur balle près du sol autour des verts, lorsque c'est possible.

TÂCHES À ACCOMPLIR

❶ Mesurez les distances que vous atteignez avec les coups d'approche lobés obtenus avec vos cocheurs et notez la distance de chacun de vos coups avec différentes longueurs de montée.

❷ Faites des essais en plaçant la balle dans différentes positions, avec l'angle de la face du bâton en position de départ et au dégagé au moment de l'impact afin d'être en mesure d'effectuer des coups comportant différentes trajectoires et des effets variés.

EXERCICES DE PRATIQUE

Coup d'approche lobé 1 – 20 répétitions (p 108)
Coup d'approche lobé 2 – 20 répétitions (p 110)
Coup d'approche lobé 3 – 20 répétitions (p 111)
Coup d'approche lobé 4 – 10 répétitions (p 112)
Prise 1 – 10 répétitions (p 74)
Prise 2 – 10 répétitions (p 75)
Posture 1 – 20 répétitions (p 84)
Posture 2 – 20 répétitions (p 85)

EXERCICES DE PRATIQUE

Coup d'approche 1 – 50 répétitions (p 114)
Coup d'approche 2 – 30 répétitions (p 116)
Coup d'approche 3 – 20 répétitions (p 117)
Sentir son coup d'approche 1
– 20 répétitions (p 118)
Sentir son coup d'approche 2
– 20 répétitions (p 119)
Sentir son coup d'approche 3
– 20 répétitions (p 120)
Coups roulés de courte distance 1
– 20 répétitions (p 135)
Coups roulés de courte distance 2
– 20 répétitions (p 136)

SEMAINE **9**

COUP ROULÉ DE LONGUE DISTANCE

Le fait d'avoir besoin de trois coups roulés sur le vert est sans doute la cause la plus fréquente de coups ratés. Dans la plupart des cas, ce problème résulte d'une erreur de jugement dans la préparation du coup roulé d'approche et plus souvent qu'autrement, la principale erreur consiste à laisser la balle trop loin du trou. Si vous parvenez à éliminer cette approche hésitante du coup roulé, vos pointages diminueront rapidement.

TÂCHES À ACCOMPLIR

❶ Pratiquez votre coup roulé à l'intérieur. Frapper des coups roulés sur un tapis est un moyen utile de vous pratiquer à améliorer votre coup roulé.

EXERCICES DE PRATIQUE

Lecture des verts 1 – 15 répétitions (p 130)
Série d'exercices – position pour le coup roulé – 15 répétitions (p 126)
Technique du coup roulé 2 – 5 répétitions (p 131)
Exercice pour le coup roulé – 10 répétitions (p 127)
Technique du coup roulé 1 – 15 répétitions (p 129)
Sentir son coup roulé 1 – 15 répétitions (p 132)
Sentir son coup roulé 2 – 15 répétitions (p 133)
Sentir son coup roulé 3 – 15 répétitions (p 134)

RÉCAPITULATION DE LA SEMAINE

Améliorer sa régularité dans tous les aspects du jeu influençant le pointage est essentiel pour obtenir des pointages peu élevés et éliminer le gaspillage de coups.

TÂCHES À ACCOMPLIR

❶ Jouez une partie et notez les statistiques des éléments importants. Comparez vos statistiques avec celles du tableau d'analyse de rendement afin d'identifier toute lacune importante dans votre jeu.

EXERCICES DE PRATIQUE

Préparation pour le bois – 10 répétitions (p 99)
Élan pour le bois – 10 répétitions (p 100)
Coup d'approche lobé 1 – 20 répétitions (p 108)
Coup d'approche lobé 2 – 20 répétitions (p 110)
Prise 1 – 10 répétitions (p 74)
Prise 2 – 10 répétitions (p 75)
Coup d'approche 1 – 50 répétitions (p 114)
Coup d'approche 2 – 30 répétitions (p 116)
Sentir son coup d'approche 1 – 20 répétitions (p 118)
Sentir son coup d'approche 2 – 20 répétitions (p 119)
Coups roulés de courte distance 1 – 20 répétitions (p 135)
Coups roulés de courte distance 2 – 20 répétitions (p 136)
Technique du coup roulé 2 – 5 répétitions (p 131)
Exercice – coup roulé – 10 répétitions (p 127)
Sentir son coup roulé 1 – 15 répétitions (p 132)
Sentir son coup roulé 2 – 15 répétitions (p 133)

10ᵉ SEMAINE

Récapitulation et perfectionnement de vos habiletés

À cette étape du programme, vous devriez avoir atteint un certain niveau de d'habileté dans toutes les facettes du jeu et il est probable et souhaitable qu'il ne reste que de légers ajustements à faire pour atteindre la maîtrise nécessaire pour devenir un golfeur accompli.

VOTRE DIXIÈME SEMAINE

Durant cette dernière semaine, vous perfectionnerez tous les aspects de votre jeu, de sorte que vous ne présenterez plus de lacunes évidentes susceptibles de gâcher votre partie. Vous passerez en revue et perfectionnerez vos exercices et vos techniques, de manière à exploiter votre plein potentiel. Nous vous demanderons de jouer plus souvent durant cette semaine afin d'aiguiser vos habiletés au niveau du pointage sur le terrain. Ce sera également votre dernière occasion

d'éliminer toute lacune importante dans votre jeu afin que vous soyez capable de faire face à tout défi susceptible de se présenter sur le terrain.

PRATIQUE STRUCTURÉE

Vous aurez déjà effectué tous les exercices de pratique à différentes étapes de votre programme au cours des dix semaines précédentes. Cependant, durant les sept derniers jours du programme, vous devrez répéter plusieurs de ces séries d'exercices afin de vous rafraîchir la mémoire et de vous habituer à une préparation et à des techniques précises.

LES PRIORITÉS DE LA SEMAINE

Lundi	Cours de rafraîchissement des techniques de base
Mardi	L'élan
Mercredi	Le jeu long
Jeudi	Le jeu court
Vendredi	Le coup roulé
Fin de semaine	Pratique intensive

OBJECTIF DE LA SEMAINE

Votre objectif de la semaine consiste simplement à vous assurer que chacun des aspects de votre jeu, y compris votre attitude mentale et votre maîtrise du parcours, correspondent aux normes établies dans le tableau d'analyse de rendement.

RAÎCHISSEMENT ...S DE BASE

67

...nières semaines, vous ...ravaillé de façon régulière sur les techniques de base et mis au point une préparation aux coups. Toutefois, il est facile de se forger de mauvaises habitudes et c'est le temps ou jamais pour vous assurer que votre prise, la position de vos pieds et votre posture sont adéquates afin d'augmenter votre capacité à adopter la bonne position de départ.

PERFECTIONNEZ VOTRE ÉLAN

Fort de vos acquis des dernières semaines : prise, position des pieds, posture et alignement adéquats, revoyez le pivotement du corps, le balancement des bras, le mouvement des poignets et la résistance qui, une fois regroupés, permettent de mettre au point un élan ferme et régulier. Revoyez les éléments clés de l'élan pour les fondre en un mouvement fluide et naturel.

TÂCHES À ACCOMPLIR

❶ Vérifiez votre position de départ dans un miroir afin de contrôler votre alignement et votre posture.
❷ Relisez la section traitant de l'amélioration de l'aspect mental du jeu.
❸ Jouez neuf trous sans analyser votre pointage et sans noter vos statistiques.

EXERCICES DE PRATIQUE

Prise 1 – 10 répétitions (p 74)
Prise 2 – 5 répétitions (p 75)
Prise 3 – 5 répétitions (p 76)
Exercices préparatoires aux coups 1
 – 10 répétitions (p 78)
Alignement 1 – 10 répétitions (p 80)
Alignement 2 – 10 répétitions (p 82)
Posture 1 – 10 répétitions (p 84)
Posture 2 – 10 répétitions (p 85)
Posture 3 – 1 répétition (p 86)
Position de la balle 1 – 5 répétitions (p 87)
Position de la balle 2 – 5 répétitions (p 88)
Position de la balle 3 – 5 répétitions (p 89)

TÂCHES À ACCOMPLIR

❶ Relisez la section sur l'élan – 2e semaine du programme.
❷ Effectuez de nombreux élans de pratique en face d'un miroir en vous concentrant sur les aspects importants de l'amorce, de la moitié de l'élan et le sommet de la montée.
❸ Effectuez une visite au terrain de pratique et frappez 30 balles en vous conformant à vos exercices de position avant chacun des coups et en effectuant un exercice pour l'élan avant de frapper chacune des balles.

EXERCICES DE PRATIQUE

Série d'exercices – élan 1 – 15 répétitions (p 90)
Série d'exercices – élan 2 – 15 répétitions (p 91)
Série d'exercices – élan 3 – 10 répétitions (p 93)
Série d'exercices – élan 4 – 10 répétitions (p 94)
Rythme de l'élan 1 – 10 répétitions (p 96)
Rythme de l'élan 2 – 10 répétitions (p 97)
Rythme de l'élan 3 – 5 répétitions (p 98)

LE JEU LONG (DE LONGUE DISTANCE)

Revoyez votre jeu avec les bois de départ et d'allée et vos coups de fers. Exercez-vous à imprimer des trajectoires différentes à vos coups afin d'augmenter votre habileté à diriger la balle à volonté et à devenir suffisamment polyvalent pour faire face à toute situation susceptible de se produire sur le terrain. Ne perdez pas de vue votre objectif de régularité, de façon à envoyer votre balle dans l'allée plus souvent et à vous rendre sur les verts en temps réglementaire environ 1 fois sur 2.

RÉCAPITULATION DU JEU COURT (DE COURTE DISTANCE)

En plaçant la balle à proximité du trou, il est impossible de corriger des erreurs commises antérieurement et vous devriez donc travailler sur le toucher et la sensation autour des verts en recherchant un niveau de régularité élevé.

TÂCHES À ACCOMPLIR

❶ Jouez avec un ami qui est de votre niveau et transformez votre séance de pratique en une série de compétitions.

❷ Frappez un coup d'approche lobé avec différents cocheurs et voyez à quelle distance vous êtes en mesure de frapper la balle avec chacun des bâtons. Notez le changement de la distance selon que vous preniez votre élan à partir des hanches, de la poitrine et de l'épaule. Modifiez également l'angle de la face de votre bâton et observez comment atteindre différentes hauteurs et distances.

TÂCHES À ACCOMPLIR

❶ Notez le nombre de mètres (verges) que vous êtes en mesure d'atteindre en frappant dix balles avec chacun des bâtons. Ignorez vos deux meilleurs et vos deux pires coups et calculez la distance en mètres (verges) des six autres balles.

❷ Relisez la section sur la maîtrise du parcours et jouez neuf trous de golf sans analyser votre pointage ou noter des statistiques.

❸ Passez votre ensemble de bâtons en revue afin de vérifier si vous devriez remplacer des bâtons par d'autres, par exemple un fer long par un bois d'allée.

EXERCICES DE PRATIQUE

Préparation pour le bois – 10 répétitions (p 99)
Élan pour le bois – 10 répétitions (p 100)
Montée pour le bois – 5 répétitions (p 102)
Coups dirigés 1 – 10 répétitions (p 102)
Coups dirigés 2 – 10 répétitions (p 104)
Coups dirigés 3 – 10 répétitions (p 105)
Trajectoire 1 – 10 répétitions (p 106)
Trajectoire 2 – 10 répétitions (p 107)
Trajectoire 3 – 10 répétitions (p 108)

EXERCICES DE PRATIQUE

Coup d'approche lobé 1 – 20 répétitions (p 108)
Coup d'approche lobé 2 – 10 répétitions (p 110)
Coup d'approche lobé 3 – 10 répétitions (p 111)
Coup d'approche lobé 4 – 10 répétitions (p 112)
Coup d'approche régulier 1 – 20 répétitions (p 114)
Coup d'approche régulier 2 – 10 rép. (p 116)
Coup d'approche régulier 3 – 10 rép. (p 117)
Sentir son coup d'approche 1 – 10 rép. (p 118)
Sentir son coup d'approche 2 – 10 rép. (p 119)
Sentir son coup d'approche 3 – 10 rép. (p 120)
Exercice de position de jeu dans une fosse de sable 1 – 5 répétitions (p 120)
Exercice de position de jeu dans une fosse de sable 2 – 10 répétitions (p 122)
Jouer dans une fosse de sable 1 – 10 répétitions (p 124)
Jouer dans une fosse de sable 2 – 5 répétitions (p 125)

SEMAINE
10

LE COUP ROULÉ

L'habileté à caler les coups roulés de façon régulière compense largement pour les lacunes de votre jeu de longue distance. Le contrôle de la distance pour les coups de longue distance constitue la principale habileté à acquérir. Revoyez la position de votre coup roulé et pratiquez-vous à améliorer la précision de votre coup roulé lui-même en vous concentrant particulièrement à maintenir droites votre tête et la partie inférieure de votre corps.

TÂCHES À ACCOMPLIR

❶ Répétez et perfectionnez votre lecture des verts pour en faire un automatisme.

❷ Regardez un tournoi de golf sur DVD et observez à quel point votre série d'exercices préparatoires au coup roulé ressemble à celle des professionnels.

EXERCICES DE PRATIQUE

Exercices de position pour le coup roulé – 15 répétitions (p 126)

Exercices - coup roulé – 20 rép. (p 127)

Posture pour le coup roulé – 5 rép. (p 128)

Technique du coup roulé 1 – 10 répétitions (p 129)

Technique du coup roulé 2 – 10 répétitions (p 131)

Lecture des verts – 10 répétitions (p 130)

Sentir son coup roulé 1 – 20 répétitions (p 132)

Sentir son coup roulé 2 – 10 répétitions (p 133)

Sentir son coup roulé 3 – 10 répétitions (p 134)

Coups roulés de courte distance 1 – 10 répétitions (p 135)

Coups roulés de courte distance 2 – 10 répétitions (p 136)

Coups roulés de courte distance 3 – 10 répétitions (p 137)

PRATIQUE INTENSIVE

Il s'agit de votre dernière chance d'éliminer les défauts persistants et nous vous conseillons de consacrer la fin de semaine entière à revoir chacun des aspects clés de votre jeu. Commencez par une récapitulation finale de vos techniques de base et ne cédez pas à la tentation d'apporter des changements importants à votre technique et concentrez-vous plutôt sur l'ajustement de tous les aspects de votre jeu. Identifiez les faiblesses qui persistent dans votre jeu et assurez-vous d'être efficace dans tous les aspects du jeu. Vous devez vous fixer comme objectif d'acquérir une maîtrise suffisante pour vous sentir en confiance à chacun de vos coups.

TÂCHES À ACCOMPLIR

❶ Élaborez une stratégie pour votre prochaine partie de golf et assurez-vous de la respecter, même si vous êtes tenté de changer d'idée en cours de route.

❷ Jouez une partie de golf en respectant vos séries d'exercices et en adoptant toutes les astuces concernant l'aspect mental du jeu et les principes de la maîtrise d'un parcours soulignées dans la première section de ce guide.

EXERCICES DE PRATIQUE

Effectuez autant de répétitions que possible de tous les exercices de pratique recommandés. Continuez de vous concentrer sur les aspects problématiques de votre jeu jusqu'à ce que vous ayez l'impression que ces éléments du jeu sont d'un niveau satisfaisant.

SEMAINE 1
- Lun **Adopter une prise neutre**
- Mar **Posture**
- Mer **Position des pieds et de la balle**
- Jeu **Alignement**
- Ven **Exercices de position de départ**
- F/S **Combinaison des acquis de la semaine**

SEMAINE 2
- Lun **Le pivotement du haut du corps**
- Mar **Le balancement des bras**
- Mer **Comment et quand plier les poignets**
- Jeu **Le rôle de la partie inférieure du corps**
- Ven **Adopter (Acquérir) un bon rythme**
- F/S **Retrouver la spontanéité**

SEMAINE 3
- Lun **Amélioration de votre préparation au coup roulé**
- Mar **Mettre votre coup roulé au point**
- Mer **Apprendre à lire les verts**
- Jeu **Contrôler la distance de vos coups roulés**
- Ven **Caler vos coups roulés à courte distance**
- F/S **Le processus complet du coup roulé – combiner les acquis de la semaine**

SEMAINE 4
- Lun **Préparation du coup d'approche**
- Mar **Technique de coup d'approche**
- Mer **Contrôlez la distance du coup d'approche**
- Jeu **Améliorez votre imagination sur le terrain**
- Ven **Calez les coups roulés sous pression**
- F/S **Récapitulation et consolidation des activités de la semaine**

SEMAINE 5
- Lun **Bois de départ et d'allée**
- Mar **Fers longs et fers courts**
- Mer **Légers crochets extérieurs**
- Jeu **Légers crochet intérieurs**
- Ven **Coups en hauteur et peu élevés (près du sol)**
- F/S **Perfectionnement de vos habiletés à préparer vos coups**

SEMAINE 6
- Lun **Technique de base du coup d'approche lobé**
- Mar **Le balancement des bras**
- Mer **Comment et quand plier les poignets**
- Jeu **Le rôle de la partie inférieure du corps**
- Ven **Adopter (Acquérir) un bon rythme**
- F/S **Retrouver la spontanéité**

SEMAINE 7
- Lun **Coup d'approche lobé**
- Mar **Coup d'approche régulier**
- Mer **Jouer dans une fosse de sable**
- Jeu **Apprendre à improviser**
- Ven **Caler sa balle**
- F/S **Concentration sur le jeu court**

SEMAINE 8
- Lun **Mettre au point une préparation d'avant partie**
- Mar **Savoir planifier sa partie (Élaborer un plan de jeu)**
- Mer **Améliorez l'aspect mental de votre jeu**
- Jeu **Golf pourcentage de base**
- Ven **Comment jouer sur les trous à normales 3, 4 et 5**
- F/S **Récapitulation et mise en œuvre des nouvelles connaissances**

SEMAINE 9
- Lun **Coups de départ**
- Mar **Contrôle de la distance avec les fers**
- Mer **Coups d'approche lobés**
- Jeu **Coups d'approche réguliers**
- Ven **Coups roulés de longue distance**
- F/S **Récapitulation de la semaine**

SEMAINE 10
- Lun **Cours de rafraîchissement sur les techniques de base**
- Mar **L'élan**
- Mer **Le jeu long**
- Jeu **Le jeu court**
- Ven **Le coup roulé**
- F/S **Pratique intensive**

SEMAINE
1
2
3
4
5
6
7
8
9
10

Cette section comprend toutes les méthodes et séries d'exercices nécessaires pour élever votre jeu au niveau requis pour devenir un golfeur accompli.

Ces exercices ne sont pas toujours conçus pour vous doter d'une technique parfaite, mais visent à vous aider à éliminer les aspects problématiques de votre jeu, de manière à éviter les coups désastreux qui gâchent des parties remplies de promesses.

Il est important de se rappeler que ces exercices, surtout ceux qui visent l'amélioration des aspects clés de votre technique, dépendent d'abord de votre habileté à adopter la position adéquate. Ainsi, il est inutile d'essayer d'améliorer votre pivotement d'épaule si votre posture est affaissée et que l'angle de votre colonne vertébrale est incurvé, car il sera tout simplement impossible de le faire.

Pour terminer, vous ne devez jamais oublier que la qualité est de loin supérieure à la quantité. Si vous êtes pressé par le temps, il est préférable d'effectuer moins d'exercices, de rester en forme et concentré plutôt que de vous précipiter dans l'exécution d'une série d'exercices sans prendre le temps de vous préparer adéquatement. Vous pourrez vous reprendre le lendemain, mais essayez de ne pas en faire une habitude!

EXERCICE DE PRISE 1

Adopter une prise neutre

La façon dont vous placez les mains sur le bâton influence plusieurs autres aspects de votre élan. Bien qu'une prise académique ne soit pas absolument nécessaire pour jouer du bon golf, elle vous permettra d'augmenter vos chances de frapper la face du bâton à angle droit au moment de l'impact, ce qui vous permettra d'obtenir à la fois puissance et efficacité. Voila pourquoi il vaut le coup de déployer l'effort nécessaire pour faire les choses correctement.

1 Laissez vos bras pendre le long de votre corps, de façon à ce que vos avant-bras et vos paumes soient légèrement tournés vers vos cuisses. Si vous regardez vos mains, voici la position qu'elles devraient occuper sur le bâton.

2 En gardant votre bras gauche sur le côté, glissez la poignée de votre bâton entre les doigts de votre main gauche. Assurez-vous que votre avant-bras maintienne sa forme et que vous ne tournez pas votre main en effectuant ce geste.

3 Passez votre bras droit par-dessus le gauche en vous assurant que votre avant-bras et votre paume soient légèrement tournés vers l'intérieur. Placez votre main droite sur le bâton en tenant la poignée à la base de vos doigts. Il s'agit d'une prise naturelle et neutre.

EXERCICE DE PRISE 2

Déterminer la pression adéquate de la prise

Bien que la formation de la prise soit très importante, il arrive souvent qu'on sous-estime l'importance de la fermeté avec laquelle le bâton doit être tenu.

1 Tenez un fer 7 devant vous de façon à ce qu'il soit dans une position horizontale face au sol. Dans cette position, le bâton devrait sembler très lourd et vous devrez tenir le bâton fermement pour l'empêcher de tomber au sol.

2 Cette fois, tenez votre fer 7 en face de vous en position verticale et directement au-dessus de vos mains. Dans cette position, la tête du bâton devrait sembler très légère et la pression de votre prise sera trop relâchée.

3 Pour terminer, tenez votre fer 7 devant vous, de façon à ce qu'il soit incliné vers l'extérieur dans un angle de 45 degrés. Le niveau de pression que vous devez exercer sur le bâton avec les mains pour le maintenir en position sans qu'il tombe est le niveau de pression adéquat pour tous les coups.

1

2

3

EXERCICE DE PRISE 3

Renforcez vos mains

Si vous possédez des mains et des poignets suffisamment forts, vous disposerez d'un plus grand contrôle sur votre bâton lorsque vous prendrez votre élan et vous obtiendrez plus de puissance.

1 Allongez votre bras gauche doucement devant vous et tenez le bâton dans le bas des doigts, de manière à ce qu'il soit suspendu à la verticale.

2 Sans déplacer votre bras, soulevez la poignée de votre bâton vers le haut à travers vos mains en utilisant seulement vos doigts.

3 Après avoir atteint l'extrémité de la poignée, recommencez le processus.

EXERCICE DE PRISE 4

Exercez votre prise à la maison

Cet exercice peut être effectué n'importe où et il n'est pas nécessaire d'attendre d'être sur le terrain de pratique.

1 Assurez-vous d'avoir un bâton à portée de la main aussi souvent que possible.

2 Pratiquez votre prise le plus souvent possible, même en regardant la télévision.

3 Exercez-vous à prendre votre nouvelle prise le plus souvent possible durant les premiers jours du programme pour qu'elle finisse par devenir naturelle et confortable.

EXERCICES PRÉPARATOIRES AUX COUPS 1

Éléments clés de votre routine

Tous les golfeurs de haut niveau effectuent des exercices préparatoires aux coups avant chacun des coups qu'ils effectuent sur un terrain de golf. Une routine vous procure une zone de confort et augmente grandement la possibilité d'être bien préparé à chaque partie. Votre propre routine en sera une faite sur mesure pour vous, mais elle doit néanmoins comporter les éléments essentiels suivants:

1 Commencez par visualiser le coup que vous désirez frapper pendant que vous vous trouvez à plusieurs mètres derrière la balle face à votre objectif. Représentez-vous la forme et la trajectoire de votre coup.

2 Avancez-vous vers la balle du côté gauche. Regardez votre ligne d'objectif et tenez votre poitrine face à l'objectif jusqu'à ce que vous commenciez à placer vos pieds en position.

3 Placez la face du bâton minutieusement derrière la balle pour qu'elle soit vis-à-vis de l'objectif désiré. Reportez-vous constamment à l'objectif visuellement afin de vous assurer d'un alignement adéquat.

4 Pour terminer, en vous alignant sur la face du bâton, placez votre corps et vos pieds en ligne droite avec la ligne d'objectif. Vous devriez maintenant vous trouver en position idéale pour effectuer votre coup.

EXERCICES PRÉPARATOIRES AUX COUPS – EXERCICE 2

Pour plus de régularité, chronométrez votre routine

Votre objectif principal consiste à pratiquer et répéter votre série d'exercices préparatoires aux coups, de façon à ce que vous puissiez attaquer la balle chaque fois de la même façon.

1 Sortez le bâton du sac et mettez-vous en position pour frapper la balle.

2 Assurez-vous que le temps consacré à la préparation ne varie pas plus d'une seconde environ pour chacune de vos séries d'exercices.

3 Demandez à un ami de chronométrer votre série d'exercices.

EXERCICE D'ALIGNEMENT 1

Visez la face du bâton avant le corps

Si vous regardez jouer un professionnel à la télévision, vous remarquerez, entre autres choses, qu'il dirige toujours la face de son bâton vers son objectif avant de compléter la position des pieds. Il agit ainsi parce qu'il est plus facile de voir l'orientation du bâton avant d'être face à l'objectif.

1

1 Pour commencer, prenez place derrière la balle et visualisez le coup que vous désirez effectuer. Choisissez un objectif intermédiaire à quelques mètres devant la balle sur la ligne de visée pour être en mesure d'aligner la face du bâton avec plus de précision.

2 Maintenez votre poitrine face à l'objectif. Placez la face du bâton derrière la balle avec votre main droite. Vérifiez si la face du bâton est orientée correctement en regardant de haut en bas la ligne entre votre balle et l'objectif.

3 Pour terminer, placez vos pieds en angle droit avec le bord d'attaque de la face du bâton et assurez-vous que l'alignement de vos pieds et de vos épaules soit orienté à partir de la face du bâton et non l'inverse.

2   3

EXERCICE D'ALIGNEMENT 2

Alignement parallèle instinctif

Lors de vos pratiques, il est toujours utile de placer quelques tiges de bâtons au sol en angle droit avec votre ligne d'objectif pour que vous soyez aligné correctement avant de frapper une balle. Si vous répétez l'exercice assez souvent, l'alignement adéquat deviendra partie intégrante de votre préparation aux coups.

1 Renforcez le message que la face de votre bâton et votre corps soient en ligne droite, mais ne soient pas orientés vers le même objectif en déposant une tige sur le sol, juste à l'extérieur de la balle. Déposez une autre tige au sol, parallèlement à la première, le long de la ligne de vos pieds. La balle devrait se trouver environ au centre entre les deux tiges.

2 Une fois que votre corps et la face du bâton sont en angle droit l'un avec l'autre, vous êtes en bien meilleure position pour amorcer votre élan dans la trajectoire et le plan appropriés. Frappez chacun de vos coups de pratique en respectant la même préparation afin d'améliorer votre régularité et d'avoir une meilleure rétroaction sur la qualité de votre jeu.

1

2

EXERCICE D'ALIGNEMENT 3

Vérifiez la ligne de visée de l'épaule

Il existe un excellent moyen de vérifier si vous êtes aligné correctement pour la position de départ. Adoptez votre position des pieds normale, puis soulevez votre bras gauche verticalement sur le côté. Idéalement, votre bras devrait être parallèle à votre objectif. S'il pointe directement vers votre objectif ou à sa droite, c'est que vos épaules sont trop fermées. Si votre bras est orienté trop à gauche de l'objectif, cela signifie que vos épaules sont trop ouvertes.

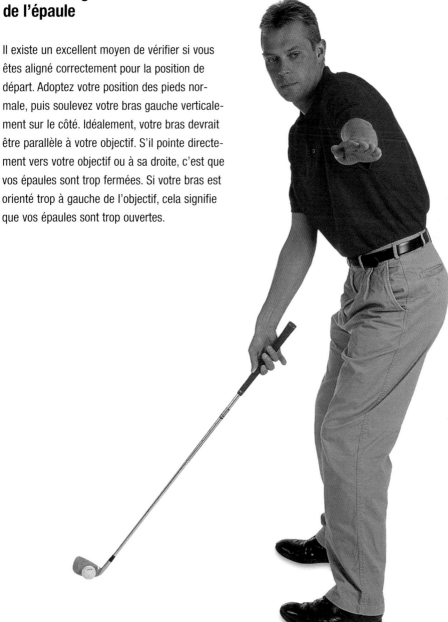

EXERCICE DE POSTURE 1

Préparez votre prise et penchez-vous à partir des hanches.

La plus fréquente et la plus dommageable des erreurs de posture consiste simplement à se préparer à l'attaque sans faire l'effort de se pencher vers l'avant. Cet oubli vous empêche de créer un angle d'inclinaison favorable durant l'élan et a pour conséquence de réduire la puissance et la régularité.

1 Tenez le bâton devant vous environ à la hauteur de la poitrine. Assurez-vous que vos deux bras soient légèrement allongés, sans être excessivement droits ou penchés et bloqués contre votre poitrine. Abaissez le bâton vers le sol en vous penchant vers l'avant à partir des hanches, de manière à ce que votre derrière ressorte et que vos jambes commencent à se redresser.

2 Lorsque la tête du bâton atteint le sol, pliez légèrement la tension dans vos jambes, mais ne perdez pas de hauteur. Vous êtes maintenant dans la position de départ parfaite.

1   2

EXERCICE DE POSTURE 2

Adaptez la posture au bâton

Bien qu'il soit possible d'utiliser exactement la même routine pour adapter votre posture à chacun de vos bâtons, les longueurs différentes des tiges des bâtons voudront dire que vous n'avez pas besoin de rester plus près de la balle avec vos cocheurs qu'avec vos bois de départ et d'allée. Ainsi, vous devrez vous pencher plus vers l'avant dans votre position d'attaque du cocheur d'allée que pour le bois 1, avec lequel votre posture sera automatiquement un peu plus droite. Familiarisez-vous avec les différentes postures correspondant aux différents bâtons.

1 *Bois 1* – Prenez le bâton et tenez-vous plus loin de la balle pour compenser la longueur additionnelle de ce bâton. Assurez-vous que votre posture soit un peu plus droite que lorsque vous tenez un fer.

2 *Cocheur d'allée* – Prenez le bâton en mains et placez vos pieds le plus près possible de la balle. Inclinez la partie supérieure de votre corps pour atteindre la poignée. Assurez-vous de compenser pour la tige plus courte et plus étroite du bâton.

1

2

EXERCICE DE POSTURE 3

Essai de contrôle de la qualité de votre posture

Vous devriez effectuer cet exercice de façon régulière, car il vous aidera à corriger votre posture et éventuellement vous empêchera de renouer avec vos mauvaises habitudes.

1 Vérifiez la conformité de votre posture en tenant un bâton à la verticale à partir de vos épaules.

2 Créez les angles appropriés pour votre position d'attaque en vous assurant que le bâton soit aligné verticalement avec le devant de vos genoux et les plantes de vos pieds. Si le bâton pend à l'intérieur de vos genoux, corrigez votre posture en vous penchant à partir des hanches plutôt que de vous asseoir simplement sur vos talons pour vous abaisser vers la balle.

POSITION DE LA BALLE
– EXERCICE 1

Préparation pour le bois 1

Vos pieds, vos jambes et vos hanches forment un solide appui pour effectuer un élan puissant.

1 Gardez les pieds ensemble avec la balle directement au centre en répartissant également votre poids.

2 Déplacez-vous légèrement vers la gauche avec votre pied gauche, puis faites un plus grand pas vers la droite avec votre pied droit.

3 Assurez-vous que vous avez adopté la bonne position pour frapper avec un bois de départ ou d'allée avant de vous préparer à frapper votre coup.

1   2   3

POSITION DE LA BALLE – EXERCICE 2

Préparation pour les fers courts

La préparation pour les fers est différente de celle du bois 1, car la balle est jouée plus vers l'arrière dans la position de départ.

1 Gardez les pieds ensemble, avec la balle directement au centre et le poids réparti de façon égale.

2 Faites un pas un peu plus grand vers la gauche que pour le bois 1, puis un autre de la même longueur avec votre pied droit. La balle devrait maintenant reposer au centre de vos pieds, dans une position idéale pour l'utilisation de vos fers courts et de vos cocheurs.

1

2

POSITION DE LA BALLE
– EXERCICE 3

Intégrez la position de la balle dans votre routine

Voici un exercice simple à effectuer sur un terrain de pratique qui vous aidera à obtenir une position parfaite de la balle.

1 Placez un bâton au sol en ligne avec l'objectif entre la balle et vos orteils. Placez la balle à l'endroit habituel selon le bâton que vous utilisez.

2 Placez un autre bâton perpendiculaire à celui qui est en ligne avec la balle. Ceci vous permettra de voir à quel endroit la balle se trouvait par rapport à la position de vos pieds lorsqu'elle a été frappée.

3 Frappez plusieurs balles sur le terrain de pratique en remettant chacune en place dans la position des pieds jusqu'à ce que vous frappiez des coups droits.

SÉRIE D'EXERCICES – ÉLAN

Exercice de pivotement

Il s'agit du meilleur exercice pour mettre au point l'élan. Il est utilisé par les meilleurs entraîneurs au monde afin de parvenir à effectuer correctement le mouvement de flexion du haut du corps dans l'élan. Cet exercice ne fonctionne que si votre posture est adéquate.

1 Mettez-vous dans votre posture de golf normale. Tenez un bâton juste sous vos épaules avec les bras croisés sur la poitrine pour le tenir en place.

2 Tout en maintenant l'angle de votre colonne vertébrale et le genou droit fléchi, faites pivoter la partie supérieure de votre corps jusqu'à ce que la tige du bâton pointe directement devant vous. Maintenez l'angle de la colonne vertébrale que vous aviez dans la position de départ et assurez-vous que votre genou droit demeure fléchi. Résistez au mouvement de flexion avec le bas du corps et gardez votre genou droit aussi droit que possible en tournant vos épaules.

3 Ramenez vos épaules de l'autre côté, en maintenant l'angle de votre colonne vertébrale et le fléchissement du genou. Conservez ces angles jusqu'à ce que la tige du bâton pointe directement vers vous. Une fois passé le point d'impact, laissez votre colonne se redresser pendant que vous simulez la fin de l'élan en faisant pivoter votre poitrine vers l'objectif.

1   2   3

SÉRIE D'EXERCICES – ÉLAN 2

Pratiquez votre descente

La partie de l'élan la plus importante à respecter est la région à partir de la hauteur de la taille au moment de la descente vers la hauteur de la taille dans le dégagé, car c'est l'étape à laquelle la tête du bâton attaque la balle et est relâchée pendant l'impact.

1 Mettez-vous en position de départ et balancez le bâton doucement jusqu'à ce que vos mains parviennent à la hauteur de vos hanches. À ce stade de l'élan, la tige du bâton devrait être perpendiculaire à la ligne d'objectif et parallèle au sol. La pointe du bâton doit être tenue de façon verticale (en ligne droite) dans les airs.

2 Élancez-vous vers l'arrière une autre fois dans le dégagé jusqu'à ce que vos mains atteignent une fois de plus la hauteur des hanches. La tige du bâton devrait être parallèle au sol et perpendiculaire à la ligne d'objectif et une fois encore, la pointe du bâton doit être tenue en ligne droite dans les airs.

SÉRIE D'EXERCICES POUR L'ÉLAN

Le balancement des mains dans la montée et le dégagé

Des élans de pratique vous aideront à acquérir le sens d'un bon élan.

1 Balancez vos mains pour qu'elles se trouvent au-dessus de votre épaule droite au sommet de la montée, puis au-dessus de votre épaule gauche dans le dégagé.

2 Observez la façon dont vos bras se balancent de haut en bas pendant que votre corps pivote durant l'élan et comment vos poignets se plient dans la montée.

3 Relâchez au moment de l'impact, puis repliez dans le dégagé.

SÉRIE D'EXERCICES – ÉLAN 3

Série d'exercices d'avant partie

De nombreux golfeurs ignorent quand et comment plier leurs poignets dans la montée. Cet exercice permet de ressentir comment les poignets se plient dans la montée pour produire de la puissance et obtenir le plan approprié.

1 Un fer 7 en mains, adoptez votre position normale de départ. Efforcez-vous de garder le bas de votre dos droit, car une bonne posture est essentielle pour réussir cet exercice.

2 Sans déplacer ni lever vos mains, pliez vos poignets vers le haut pour que la tête du bâton se soulève du sol. Arrêtez lorsque vos poignets ne seront plus en mesure de se plier davantage.

3 Les poignets dans cette position, complétez votre élan en tournant les épaules autour de l'angle de votre colonne vertébrale dans la montée.

1

2

3

SÉRIE D'EXERCICES – ÉLAN 4

Ramenez votre poignet droit

Cet exercice démontre
de quelle façon le
poignet droit, qui se
plie vers le haut dans
l'élan, se replie de
lui-même.

1 Avec un fer moyen en mains, placez-vous
face à la balle en adoptant votre posture
normale.

2 Ramenez votre poignet droit vers l'arrière
pour que la tige du bâton soit parallèle à
la ligne d'objectif et horizontale par rapport au sol.

3 Tournez simplement vos épaules et
balancez vos bras dans les airs pour
compléter votre montée.

1

2   3

SÉRIE D'EXERCICES SUR L'ANGLE

L'angle de la face du bâton

L'angle dans lequel vous frappez la balle fait toute la différence entre un coup droit et un crochet extérieur ou intérieur.

1 Conservez une prise neutre et pliez vos poignets correctement durant la montée.

2 Assurez-vous que la face du bâton soit maintenue en suspension dans un angle de 45 degrés par rapport au sol.

3 Vérifiez si la pointe de votre bâton n'est pas orientée directement vers le sol, car la face du bâton sera trop ouverte et il en résultera un crochet extérieur ou des crochets de droite.

4 Assurez-vous que les rainures ne soient pas orientées vers le haut, car la face de votre bâton se trouverait trop proche, ce qui peut faire dévier la balle.

EXERCICE POUR LE RYTHME DE L'ÉLAN 1

Série de coups en rafale

Dans cet exercice, vous ne devez pas vous inquiéter de la direction de vos balles. Le secret pour bien les effectuer consiste à demeurer conti-

1

nuellement en mouvement, de sorte que vous n'ayez pas le temps de penser à quoi que ce soit lorsque vous prenez position pour frapper la balle.

1 Alignez plusieurs balles en rangs sur des tés, mettez-vous en position pour frapper la première balle et relâchez votre pression sur la poignée du bâton.

2 Frappez la première balle, puis avancez-vous vers la suivante et effectuez immédiatement votre montée.

3 Frappez toute la rangée de balles sans prendre de pause entre chacun de vos coups.

2

3

EXERCICE POUR LE RYTHME DE L'ÉLAN 2

Donnez un bon départ à votre élan

La plupart des problèmes de rythme d'élan sont causés par un manque de fluidité dans l'amorce, alors que le bâton est projeté vers l'avant à partir d'un mouvement stationnaire. Cet exercice permet d'éliminer les premiers mètres, faibles potentiels de la montée, améliorant ainsi le rythme de votre élan.

1 Placez-vous dans une position normale face à la balle avec un fer moyen et balancez le bâton de quelques mètres (pieds) en avant de la cible.

2 Sans poser le bâton, ramenez-le vers l'arrière, puis effectuez votre montée au complet. Ne vous occupez pas de l'aspect technique et laissez le mouvement naturel du bâton vous aider à compléter votre élan.

1

2

EXERCICE DE RYTHME POUR L'ÉLAN 3

Élans de la main droite

Un élan rapide est normalement dominé par le côté gauche du corps juste avant l'impact. L'exercice suivant devrait vous permettre d'améliorer cet aspect.

Libérez votre côté droit en effectuant quelques élans d'une seule main en tenant le bâton uniquement avec votre main droite.

Effectuez cet exercice plusieurs fois avec une seule main, puis reproduisez les mêmes sensations avec votre élan véritable.

La capacité de maintenir le même rythme d'élan sous la pression est un atout important pour tous les golfeurs. Observez Ernie Els, Vijay Singh ou Retief Goosen lorsqu'ils se disputent le premier rang au cours d'un tournoi et vous constaterez qu'à chacun des coups, ils conservent leur rythme. Si vous en avez l'occasion, observez des joueurs de ce calibre s'exercer sur le terrain de pratique avant de disputer une partie. La plus grande partie de leur pratique est centrée sur le rythme de leur élan, pour que le corps et les muscles se souviennent de ce rythme et soient capables de le reproduire avec efficacité dans le feu de l'action – et ces trois golfeurs frappent tous leurs balles à des distances prodigieuses, grâce à des élans pour lesquels ils ne semblent déployer aucun effort.

EXERCICE PRÉPARATOIRE
POUR LE BOIS N° 1

Le bois 1 est le bâton le plus long et le plus ingrat de votre ensemble. C'est pourquoi il vous faut une préparation minutieuse si vous désirez exploiter le plein potentiel de cette importante pièce d'équipement.

Une bonne image à garder en tête lorsque vous pratiquez la préparation de votre bois 1 est celle du « K » inversé. Formez une ligne droite avec votre bras gauche et la tige de votre bâton pour agir comme levier afin d'appliquer le maxi-mum de pression sur la balle au moment de l'impact, alors que votre bras droit et votre jambe gauche forment les rayons de la lettre.

Tenez-vous plus droit que lorsque vous frappez un coup avec un fer court. Assurez-vous que vos pieds et vos épaules soient en angle droit avec l'objectif, car le manque d'angle d'ouverture sur la face du bâton aggravera toute erreur commise dans la position de départ. Un élan aussi large exige une position ferme.

EXERCICE – ÉLAN POUR LE BOIS 1

Les bois modernes en métal sont beaucoup plus faciles à manœuvrer que les anciens bois 1 en bois, mais il n'en faut pas moins un élan régulier pour tirer le meilleur profit possible de la longueur additionnelle des bois 1 modernes.

1 Placez-vous en position de départ avec vos pieds approximativement à la hauteur des épaules pour vous procurer un appui solide. Assurez-vous que votre bras gauche et le bâton forment une ligne droite et que votre poids favorise le côté droit dans une proportion de 60/40. Frappez la balle positionnée sous votre aisselle gauche.

2 Balancez le bâton doucement dans un arc large. Idéalement, la tige du bâton devrait se trouver en position horizontale face au sol lorsque vous êtes au sommet de la montée.

3 Assurez-vous que la transition entre la montée et la descente soit aussi naturelle que possible. Ne vous élancez pas sur la balle en utilisant la partie supérieure de votre corps pour obtenir de la distance. Balancez vos mains vers le bas devant votre corps et gardez votre tête derrière la balle au moment de l'impact.

4 Pour obtenir le maximum de puissance, il est essentiel que vous déplaciez votre poids vers l'objectif, au point d'impact. Terminez le mouvement en plaçant votre poids sur votre pied avant avec la poitrine face à l'objectif.

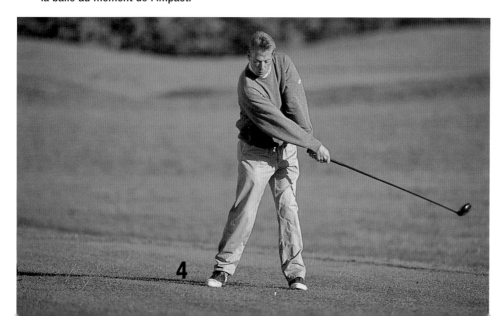

EXERCICE – MONTÉE AVEC LE BOIS 1

Exercez-vous à effectuer une montée peu élevée et balayée

Bien des golfeurs sont tentés d'amorcer leur élan trop rapidement lorsqu'ils emploient leur bois 1. L'exercice qui suit vous aidera à éviter de commettre cette erreur.

1 Pratiquez continuellement votre amorce en glissant le bâton doucement à l'écart de la balle pour créer un arc d'élan large, essentiel pour obtenir à la fois puissance et distance.

2 Gardez la tête du bâton près du sol pour les premiers mètres (pieds) de l'amorce, mais ne forcez pas le bâton vers le bas une fois que vous avez le momentum de l'élan et que vos poignets pliés aient produit leur effet.

COUPS DIRIGÉS – EXERCICE 1

Léger crochet extérieur

Pour obtenir un léger crochet extérieur, soit une balle qui fait une courbe de gauche à droite dans les airs, la face du bâton doit être légèrement ouverte (ce qui signifie orientée vers la droite) à la trajectoire de l'élan au point d'impact, de façon à ce qu'elle frappe la balle de côté, lui imprimant un effet de rotation de gauche à droite.

1 Peu importe la façon dont vous désirez imprimer une courbe à la balle, commencez toujours par orienter la face de votre bâton vers l'objectif. Ensuite, alignez vos pieds, vos hanches et vos épaules légèrement vers la gauche.

2 Élancez-vous avec le bâton le long de ligne formée par vos pieds et votre corps et non le long de ligne de visée. Vous aurez l'impression de frapper la balle vers la gauche.

3 Ramenez le bâton vers la balle en suivant la même trajectoire, le long de la ligne formée par vos pieds. Même si vous vous élancez vers la gauche, la face du bâton sera orientée vers votre objectif au moment de l'impact.

4 Assurez-vous que la trajectoire de votre élan soit contraire à la face du bâton afin d'imprimer à la balle une trajectoire de vol courbe (de gauche à droite).

COUPS DIRIGÉS – EXERCICE 2

Léger crochet intérieur

Pour frapper un léger crochet intérieur – qui fait une courbe de droite à gauche dans les airs, la face du bâton doit être légèrement fermée (ce qui signifie orientée vers la gauche) à la trajectoire de l'élan au point d'impact, de manière à ce qu'elle traverse la balle en lui imprimant un effet de rotation de droite à gauche, exactement comme le fait un joueur de tennis exécutant un coup avec effet brossé.

1 Comme pour le crochet extérieur, commencez par orienter la face de votre bâton vers votre objectif. Ceci fait, alignez vos pieds, vos hanches et vos épaules légèrement vers la droite.

2 Élancez-vous le long de la ligne formée par vos pieds et votre corps et non le long de la ligne d'objectif. Vous aurez l'impression de frapper la balle vers la droite.

3 Élancez-vous vers la balle en empruntant la même trajectoire, le long de ligne de vos pieds. Bien que vous preniez votre élan vers la droite, la face du bâton sera orientée vers l'objectif au moment de l'impact. Votre trajectoire d'élan est opposée à la face du bâton afin de produire la courbe (de droite à gauche) désirée au vol.

1   2   3

COUPS DIRIGÉS – EXERCICE 3

Variez le mouvement de relâchement de votre avant-bras

En vous préparant avec la face du bâton ouverte ou fermée face à l'objectif pour obtenir un léger crochet intérieur ou extérieur, vous pouvez accentuer le mouvement selon la façon dont vous relâchez vos avant-bras en frappant la balle.

1 Pour obtenir un léger crochet extérieur, vous devez avoir l'impression que votre avant-bras gauche demeure au-dessus du droit pendant que vous frappez la balle.

2 Pour obtenir un léger crochet intérieur, laissez votre avant-bras droit pivoter par-dessus le gauche pendant que vous frappez la balle.

EXERCICE DE TRAJECTOIRE 1

Coups en hauteur

Votre capacité à diversifier la trajectoire de vos coups vous aidera à devenir un joueur d'expérience. Le secret pour frapper des coups à des hauteurs différentes consiste à modifier la position de votre balle, à réduire ou à accentuer le mouvement du poignet dans votre élan.

Pour frapper un coup en hauteur, vos poignets doivent être actifs durant l'élan afin d'obtenir un angle d'attaque plus incliné.

1 Jouez la balle légèrement en avant de vos pieds et relâchez un peu la pression sur votre prise pour que vos poignets puissent se plier librement dans la montée.

2 Pliez vos poignets presque au début de votre amorce. Vous devez avoir l'impression de pointer la tige de votre bâton droit dans les airs afin de créer un plan d'élan plus incliné que la normale.

3 Gardez vos poignets en mouvement au moment de l'impact, mais ne soulevez pas la balle dans les airs en laissant la paume de votre main droite se tourner vers le haut. Tournez vos poignets vers le haut au moment de l'impact afin que le bâton se trouve dans un plan incliné.

EXERCICE DE TRAJECTOIRE 2

Coups près du sol

Frapper la balle moins haut exige un mouve-ment plus restreint et compact du poignet et un élan contrôlé pour rétrécir l'attaque de la balle.

1 Jouez la balle un peu plus vers l'arrière par rapport à la position de vos pieds que pour un coup normal et mettez plus de poids sur votre pied droit. Vous pouvez conserver la même pression que d'habi-tude pour votre prise ou l'augmenter légèrement pour réduire le mouvement de votre poignet.

2 Faites un effort conscient pour éviter de plier vos poignets. Limitez votre transfert de poids et prévoyez que votre montée soit légèrement plus courte que la normale.

3 Gardez vos mains en avant de la face du bâton et de la balle au moment de l'im-pact et pendant les premiers mètres du dégagé.

EXERCICE DE TRAJECTOIRE 3

Variez la hauteur de vos coups

Vous pouvez varier le mouvement de votre poignet sur la balle pour des coups normaux afin de produire un vol plus ou moins haut. Observez l'effet sur le vol de la balle lorsque vous bougez davantage vos poignets au moment de l'impact et ce qui se produit lorsque vous les bougez peu.

Il est très utile d'être capable de varier la hauteur des coups sur des terrains fortement boisés où les coups doivent être effectués par-dessus ou en dessous des branches d'arbres. Toutefois, il peut également être utile, sur un terrain de golf, de jouer la balle près du sol afin de la maintenir sous le vent ou en hauteur pour assurer qu'un coup d'approche se termine sur un vert ferme et sec et que la balle ne roule pas à l'arrière du vert dans l'herbe longue. Assurez-vous de maintenir votre équilibre et votre rythme d'élan normal et n'essayez pas de frapper la balle trop fort.

EXERCICE DE COUP D'APPROCHE LOBÉ 1

Coup d'approche lobé classique

Le coup d'approche lobé classique, joué à une distance entre 28 mètres et 73 mètres (30 et 80 verges) du vert est à la base une version réduite de l'élan complet avec quelques changements dans la position de départ afin de réduire la distance de frappe.

1 Tenez-vous un peu plus près de la balle que pour un élan complet et ouvrez les pieds de façon à ce que vos hanches et vos pieds soient orientés un peu à gauche de votre objectif afin de vous laisser plus d'espace pour balancer le bâton au moment de l'impact. Rapprochez vos pieds pour améliorer votre équilibre.

2 Élancez-vous exactement comme vous le feriez pour un coup complet. Pliez vos poignets pour que le bâton se trouve dans un plan suffisamment incliné. La longueur de votre élan arrière est proportionnelle à la distance à laquelle vous voulez frapper la balle.

3 Tournez la poitrine en direction de l'objectif en balançant vos bras vers la balle.

4 Utilisez la partie supérieure de votre corps pour relâcher le bâton au moment de l'impact et empêcher vos poignets d'être trop actifs, ce qui est l'une des principales causes de l'instabilité dans les coups d'approche lobés.

EXERCICE DE COUP D'APPROCHE LOBÉ 2

Votre montée et votre dégagé doivent être de la même longueur

La plupart des problèmes relatifs aux coups d'approche lobés résultent d'un manque de rythme occasionné soit par une réduction trop grande de la longueur de la montée, soit par la décélération de la tête du bâton au moment de l'impact.

1 Préparez-vous comme si vous alliez jouer un coup d'approche lobé normal.

2 Conservez votre montée et votre dégagé environ de la même longueur.

3 Conservez un rythme égal tout au long de l'élan. Ne ralentissez pas tant que vous n'aurez pas frappé la balle.

EXERCICE DE COUP D'APPROCHE LOBÉ 3

Utilisez vos hanches, votre poitrine et vos épaules comme points de référence pour évaluer la distance

Un des principaux défis du coup d'approche lobé consiste à contrôler la distance à laquelle vous frappez la balle.

1 Exercez-vous à frapper la balle lorsque vous prenez votre élan arrière à partir des hanches, de la poitrine et des épaules dans la montée.

2 Notez la distance à laquelle vous frappez la balle avec chacun des élans et servez-vous de ces statistiques la prochaine fois que vous jouerez une partie.

EXERCICE DE COUP D'APPROCHE LOBÉ 4

Préparez vos poignets, balancez le bâton de bas en haut et frappez la balle!

La plupart des problèmes relatifs au coup d'approche lobé sont occasionnés par une mauvaise position du bâton à l'amorce et dans la montée. Effectuez cet exercice pour vous habituer à ressentir le mouvement approprié.

1 Préparez-vous à effectuer un coup d'approche lobé ordinaire d'une longueur d'environ 45 à 55 mètres (50 à 60 verges).

2 Effectuez votre montée en vous élançant vers l'arrière et en pliant vos poignets pour placer le bâton de niveau. Arrêtez lorsque vous aurez atteint ce point et prenez le temps de ressentir l'effet d'adopter la bonne position.

3 Balancez le bâton de haut en bas à quelques reprises afin d'introduire un peu de mouvement dans votre élan et continuez avec la descente.

4 En vous plaçant dans la position de montée appropriée, vous éprouverez un sentiment de confiance en vous élançant vers la balle.

EXERCICE DE COUP D'APPROCHE LOBÉ 5

Bâtons différents = plus de polyvalence

Vous n'êtes pas obligé de vous limiter au cocheur d'allée pour effectuer vos coups d'approche lobés. Vous pouvez également employer un fer 7 ou un fer 6 qui permettent à la balle de rouler lorsqu'elle atterrit. Les fers sont souvent plus efficaces qu'un cocheur sur un parcours.

1 Employez des bâtons comportant différents angles d'ouverture pour vous permettre de devenir plus polyvalent dans les coups d'approche lobés.

2 Observez à quel point la trajectoire de vos coups varie de même que le roulement de la balle lorsqu'elle atteint le vert.

3 Exercez-vous à effectuer des coups d'approche lobés avec le plus de bâtons possible, autant avec un fer 8 qu'un cocheur d'allée.

EXERCICE DE COUP D'APPROCHE LOBÉ 6

Évitez les coups d'approche trop courts

L'imagerie mentale peut vous aider à frapper vos coups d'approche lobés avec plus d'autorité.

Quelques joueurs professionnels ont acquis une telle confiance en leurs coups d'approche qu'ils retirent le drapeau, exactement comme s'il s'agissait d'un coup roulé.

1 Exercez-vous à fixer comme objectif le sommet du drapeau plutôt que le vert. Ceci vous aidera à adopter instantanément une approche plus positive face à votre coup d'approche.

2 Si vous avez le problème inverse, visez la base du drapeau afin d'adopter une attitude moins agressive envers la balle.

COUP D'APPROCHE RÉGULIER – EXERCICE 1

Le coup d'approche classique

Le coup d'approche de courte distance classique joué à proximité du vert est un coup relativement simple à effectuer, bien que de nombreux golfeurs compliquent inutilement la technique en effectuant un élan trop long ou en surutilisant leurs mains pour faire lever la balle.

1

1 Resserrez la position de vos pieds et jouez la balle derrière le centre de vos pieds. Certains joueurs aiment se préparer en laissant leurs pieds ouverts (orientés un peu à gauche de l'objectif), mais ce n'est pas essentiel. Mettez un peu plus de poids sur votre pied avant au moment de vous élancer et assurez-vous que vos mains soient placées en avant de la balle.

2 Gardez votre poids sur votre pied droit pendant que vous éloignez vos bras de la balle. Laissez vos poignets fléchir quelque peu en réaction à l'impulsion de l'élan, mais souvenez-vous qu'il est important d'éviter de plier consciemment vos poignets.

3 Revenez à votre position de départ au moment de l'impact. Gardez vos mains en avant de la balle et votre poids sur votre pied avant. Évitez de soulever la balle dans les airs avec vos poignets, car ceci pourrait résulter en toutes sortes de coups ratés.

2   3

COUP D'APPROCHE LOBÉ RÉGULIER – EXERCICE 2

L'adoption d'une prise basse sur le manche du bâton

La plupart des golfeurs comprennent qu'ils devraient tenir le bâton plus bas pour augmenter leur contrôle sur les coups de courte distance, mais très peu le font correctement. L'erreur la plus fréquente consiste à adopter une position de départ normale, puis à simplement se pencher davantage vers l'avant pour atteindre la poignée, ce qui se traduit généralement par une préparation molle.

1 Laissez le bâton reposer naturellement au sol.

2 Glissez la tête du bâton vers vos pieds pour que la tige soit plus verticale et reproduise un angle similaire à celui de votre fer droit.

3 Penchez-vous vers l'avant à partir des hanches pour abaisser vos mains sur la poignée. Vous pouvez maintenant employer une version allongée de votre coup roulé pour effectuer ce coup.

1

2

3

COUP D'APPROCHE RÉGULIER – EXERCICE 3

Créer un angle d'attaque plus incliné

Il est essentiel de frapper la balle vers le bas pour réussir un coup d'approche régulier.

1 Placez un bâton 15 centimètres (six pouces) derrière la balle en position de départ, puis frappez quelques coups d'approche de pratique.

2 Assurez-vous que la tige du bâton ne touche pas au sol avant de frapper la balle. Ceci augmentera la régularité de vos coups et vous empêchera de soulever la balle dans les airs avec vos mains.

SENTIR SON COUP D'APPROCHE – EXERCICE 1

Série d'exercices = l'échelle

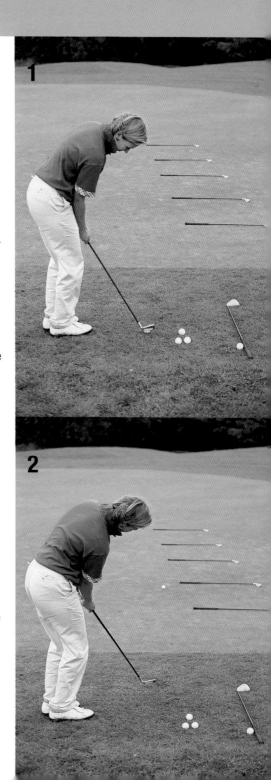

Il est préférable, autant que possible, d'envoyer un coup d'approche sur le vert où le rebond est plus prévisible que dans le gazon plus long du tablier. En conséquence, l'un des éléments les plus importants du coup d'approche consiste à choisir l'endroit où envoyer la balle, puis la frapper de manière à ce qu'elle y parvienne. Effectuez cet exercice de l'échelle afin de vous aider à évaluer la distance à laquelle vous êtes capable d'envoyer la balle avec différents bâtons.

Utilisez différents bâtons pour vous habituer à la différence dans la portée et la course de la balle au sol entre votre fer 6 et votre cocheur de sable.

1 En commençant par un endroit situé à quelques mètres seulement du vert, déposez cinq ou six bâtons sur le sol et alignez-les comme pour former une échelle. La présence d'un trou n'est pas nécessaire puisque vous apprenez à envoyer la balle dans les airs. Vous devez laisser un espace d'environ un mètre (trois pieds) de longueur entre chacun des bâtons.

2 Placez-vous de côté par rapport à l'échelle de bâtons et fixez-vous comme objectif d'envoyer la balle dans la zone comprise entre les deux premiers bâtons, puis le suivant, jusqu'à ce que vous soyez capable d'envoyer la balle dans chacun des espaces en utilisant le même bâton.

SENTIR SON COUP D'APPROCHE – EXERCICE 2

Série d'exercices réalistes pour les coups d'approches et les coups roulés

Une erreur fréquente chez les golfeurs, tous niveaux confondus, en ce qui concerne les coups de courte distance, consiste à frapper trop de coups inutiles. Pour qu'une pratique soit réussie, elle se doit de reproduire, le plus fidèlement possible, des situations susceptibles de se produire sur le terrain et c'est ce que vous devriez essayer de faire.

1. Recréez la pression de devoir réussir absolument votre coup pour jouer la normale en effectuant un coup d'approche sur le vert avec une balle à la fois. Ceci vous obligera à vous concentrer sur chaque coup et vous donnera une idée plus exacte de votre véritable niveau.

2. Rendez-vous sur le vert de pratique et calez chacun des coups après chaque coup d'approche. L'art de bien jouer à courte distance tient à une combinaison de finesse autour des verts et à la capacité de caler le coup roulé. Cet exercice permet de mettre en pratique ces deux éléments au lieu de se contenter de frapper de nombreux coups d'approche en négligeant la pratique du coup roulé, un aspect fondamental du jeu.

SENTIR SON COUP D'APPROCHE – EXERCICE 3

Différents bâtons et différentes positions de départ

En raison du nombre presque infini de situations potentielles autour du vert, il n'existe pratiquement pas de coups d'approche identiques. Assurez-vous également de pratiquer vos coups d'approche à partir de positions ascendantes, descendantes et en position de balle dénivelée, de diverses distances et types de gazon et n'oubliez pas les sols nus.

1 Pour ajouter de la polyvalence à votre technique, vous devez faire des expériences.

2 Essayez différents bâtons, positions de balles, longueurs d'élans et déclenchements pour observer comment la balle réagit sur la face du bâton.

SÉRIE D'EXERCICES DE POSITION – JOUER DANS UNE FOSSE DE SABLE 1

Ouvrez la face du bâton avant de l'agripper

Pour vous assurer que la face du bâton demeure ouverte durant l'impact, il est essentiel que vous ouvriez la face avant d'adopter votre prise, sinon elle reviendra simplement en position perpendiculaire pendant la phase de frappe et s'enfoncera trop profondément dans le sable.

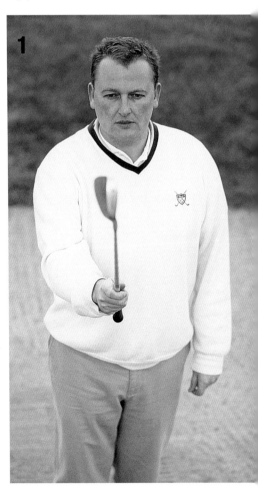

1 Tenez votre cocheur de sable devant vous avec votre main droite pour que la face du bâton soit dans une position en angle droit.

2 Tournez votre prise vers la droite à travers vos doigts pour ouvrir la face du bâton.

3 Placez votre main gauche en position avec précaution, puis remettez votre main droite en place pour compléter la prise.

SÉRIE D'EXERCICES DE POSITION – JOUER DANS UNE FOSSE DE SABLE 2

La position de départ appropriée

La plupart des golfeurs comprennent qu'ils doivent adopter une position légèrement ouverte pour jouer dans une fosse de sable, mais ils ne savent pas exactement quel est l'angle d'ouverture nécessaire. Plusieurs d'entre eux font l'erreur d'orienter simplement leurs pieds vers la gauche de l'objectif sans faire le moindre ajustement en fonction du changement de position de la balle que ce changement de préparation comporte.

1 Installez-vous dans la fosse de sable de pratique et adoptez votre position d'adresse habituelle en gardant la balle au centre de vos pieds.

2 Ouvrez votre position de départ en dirigeant vos pieds et votre corps vers la gauche de votre objectif, mais de quelques degrés seulement. Observez de quelle façon la balle s'est déplacée vers l'arrière face à votre position en rapport avec la ligne formée par vos pieds.

3 Déplacez vos pieds de quelques centimètres vers la droite dans le sable pour que la balle revienne dans sa position originale au centre de votre position par rapport à la ligne formée par vos pieds. Vous voilà dans la position de départ appropriée.

1   **2**   **3**

SÉRIE D'EXERCICES DE POSITION – JOUER DANS UNE FOSSE DE SABLE 3

Tracez un « V » dans le sable

Pour vous aider à comprendre comment vous positionner par rapport à la balle, exercez-vous à tracer un 'V' dans le sable. La face de votre bâton doit être dirigée d'un côté du 'V' directement vers le trou, alors que vos pieds et votre corps sont alignés de l'autre côté.

Jouez la balle en avant de votre position par rapport à la ligne formée par vos pieds. À partir de ce point, vous n'avez qu'à vous élancer le long de la ligne formée par votre corps en vous assurant que vous maintenez vos angles corporels et la balle sera expulsée sur un coussin de sable.

Plus votre position et la tête du bâton sont ouverts, plus la trajectoire de la balle sera élevée en quittant la fosse de sable. Bien que plusieurs fosses de sable qu'on retrouve dans des parcs municipaux soient petites et que l'on puisse même envisager l'usage de fers droits pour en sortir, les fosses de sable traditionnelles sont parfois très profondes et inclinées. À l'occasion, même des professionnels s'avouent vaincus et ajoutent un point à leur résultat, préférant jouer sur les côtés ou même revenir en arrière. Une fois que vous aurez pris de l'assurance avec vos coups dans les fosses de sable, n'oubliez pas de pratiquer à partir de positions difficiles. Par exemple juste sous la face de la fosse ou à l'endroit où la montée est restreinte par la lèvre arrière, à partir d'une zone de sable très ratissée ou de sable humide et compact.

JOUER DANS UNE FOSSE DE SABLE 1

Le coup explosé

Lorsque vous aurez apporté des ajustements à votre préparation, jouer dans la fosse de sable deviendra relativement simple.

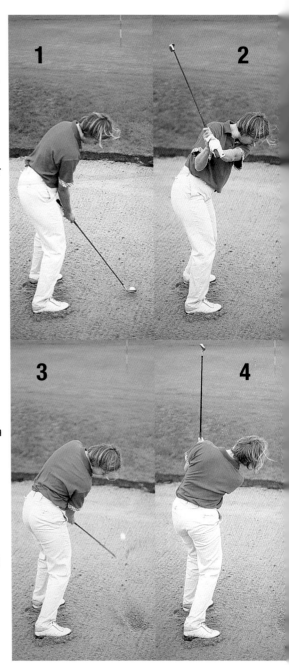

1 Préparez-vous à viser à plusieurs degrés à gauche de la ligne d'objectif formée par vos pieds et votre corps. Plus vous viserez à gauche, plus la balle voyagera en hauteur plutôt qu'en longueur. Secouez vos pieds dans le sable pour obtenir une position des pieds stable.

2 Élancez-vous le long de la ligne formée par vos pieds et votre corps et NON celle de la balle ou de l'objectif. Élancez-vous à la hauteur de l'épaule pour un coup ordinaire exécuté dans une fosse de sable en bordure du vert.

3 Élancez-vous vers le bas de la même façon que pour la montée, soit le long de la ligne formée par vos pieds et votre corps. Conservez la même hauteur pour la descente et évitez de redresser vos jambes ou de plonger littéralement vers la balle.

4 Votre dégagé devrait être au moins aussi long que votre montée. Si vous ne vous élancez pas à fond jusqu'à la posture finale, c'est que vous n'avez pas suffisamment accéléré le mouvement de la tête du bâton.

JOUER DANS UNE FOSSE DE SABLE – EXERCICE 2

S'élancer avec une seule main

Les deux principales causes d'erreurs dans l'exécution des jeux dans les fosses de sable sont l'incapacité d'effectuer une montée suffisamment longue et d'employer le rebond de la semelle du cocheur de sable durant l'impact.

1 Ouvrez la face de votre cocheur de sable en tournant la prise vers la droite. Une fois que vous aurez fait ceci, tenez le bâton avec votre main droite seulement. Effectuez quelques élans de pratique tout en tenant le bâton avec votre main droite seulement et assurez-vous que vous vous élancez au moins à la hauteur de l'épaule.

2 Dans la descente, plongez la tête du bâton avec détermination dans le sable, en vous assurant que la face du bâton demeure en position ouverte durant l'impact.

3 Orientez votre élan vers la posture finale. Vous ne serez capable d'y parvenir que si votre élan est énergique et que la face du bâton demeure ouverte pendant l'impact, permettant à l'angle de rebond de la semelle du bâton d'empêcher la tête du bâton de s'enfoncer dans le sable.

1   2   3

EXERCICES DE POSITION POUR LE COUP ROULÉ

Série d'exercices recommandée avant le coup roulé

Bien qu'il n'existe pas de règles établies concernant le coup roulé, il est préférable d'être le plus conforme possible pour obtenir le maximum de régularité, ce qui veut dire adopter une posture et un alignement appropriés.

1 Commencez en plaçant le fer droit derrière la balle pour qu'il soit dirigé directement vers votre ligne d'objectif. Assurez-vous que votre pied gauche ne se retrouve pas en avant de la balle.

2 Penchez-vous vers l'avant à partir des hanches afin de former votre prise sur le bâton en adoptant une posture correcte avec les bras qui pendent naturellement et confortablement à partir de vos épaules. Idéalement, vos bras devraient être légèrement pliés aux coudes afin de favoriser un mouvement semblable à celui d'une pendule, nécessaire pour effectuer ce coup.

3 Bien que ce ne soit pas essentiel, essayez de garder les yeux directement sur la balle de manière à disposer d'une perspective efficace de la ligne de visée de la balle.

SÉRIE D'EXERCICES POUR LE COUP ROULÉ

Gardez la tête et le bas du corps immobiles

Tout comme le coup d'approche, le coup roulé est un mouvement très simple que les amateurs compliquent inutilement en négligeant de se conformer à quelques principes de base.

1 En position de départ, la balle devrait se trouver en avant du centre de vos pieds et vos mains devraient se trouver directement au-dessus de la balle. Ceci vous procurera de meilleures chances de frapper la balle légèrement dans l'élan arrière afin de produire un effet accéléré.

2 Pendant que vous préparez votre coup en vous élançant avec le fer droit, essayez de maintenir le bas de votre corps ainsi que votre tête le plus droit possible pour que le fer droit puisse se déplacer de l'avant à l'arrière dans la trajectoire appropriée. Maintenez la tête du fer droit le plus près possible du sol durant l'élan arrière.

3 Dans l'élan arrière, résistez à la tentation de lever les yeux trop tôt pour voir la direction de la balle au lieu de vous concentrer sur le mouvement à imprimer au fer droit sur la balle au même rythme que pour l'élan arrière. Votre montée et votre dégagé devraient être environ de la même longueur.

1   2   3

EXERCICE – POSTURE
POUR LE COUP ROULÉ

Mettez votre ligne oculaire (champ visuel) à l'épreuve

Il est recommandé de regarder aussi près que possible et directement au-dessus de la balle afin d'avoir la meilleure vue possible de votre ligne de coup roulé. Pour vérifier votre préparation, tenez l'extrémité de votre fer à la hauteur de votre nez et voyez s'il dissimule la balle en position de départ. De la même façon, pour vous assurer que la balle est jouée juste au-dessus du centre de vos pieds, laissez pendre un bâton à partir de votre sternum. La balle devrait se trouver environ à 2,5 centimètres (un pouce) en avant de la tige du bâton, en ligne avec votre pied avant. Bien qu'il semble évident que le fait de regarder directement au-dessus de la balle devrait permettre d'éliminer des erreurs dans l'exécution des coups roulés, qu'il suffise d'observer des professionnels durant un tournoi de golf pour se rendre compte que tous les joueurs de haut niveau n'adoptent pas une position de départ naturelle, loin de là! Au contraire, ils adoptent des positions, des prises, des longueurs de fers droits, des modèles de têtes de fers droits différents et de multiples façons d'exécuter les coups roulés. Toutefois, ils semblent essayer d'atteindre ou de maintenir un élan régulier qui fait en sorte que la tête du bâton frappe la balle efficacement avec un coup franc. Observez les maîtres du coup roulé et vous constaterez qu'ils ont en commun un élan naturel et décontracté.

TECHNIQUE DE COUP ROULÉ
– EXERCICE 1

Effectuez votre coup roulé en tenant le bâton sous vos bras

Pour réussir un coup roulé idéal, vos bras et vos épaules doivent travailler de concert pour contrôler le déplacement du fer droit comme le mouvement d'aller-retour d'une pendule. Les problèmes surviennent lorsque les mouvements des bras et des épaules ne sont pas synchronisés. L'exercice décrit ci-après vous aidera à éviter cette situation.

1 Placez une tige sous vos bras ainsi qu'au travers de votre poitrine et balancez légèrement les épaules de haut en bas.

2 Assurez-vous que toute la partie supérieure de votre corps bouge en même temps et que vos bras demeurent sur votre poitrine durant tout l'élan arrière.

3 Continuez de déplacer votre corps de la même façon pendant tout le dégagé.

EXERCICE DE LECTURE DES VERTS

Programme en trois étapes recommandé

Les joueurs d'élite prennent souvent une éternité pour évaluer un coup roulé et bien qu'il ne soit pas nécessaire de prendre un temps fou pour évaluer son coup, il est important de bien observer et de savoir ce que vous désirez faire. Comme pour les coups de longue distance, il est essentiel d'effectuer une série d'exercices préparatoires aux coups roulés.

1 Commencez à lire les verts dès que vous vous dirigez vers le vert après avoir effectué votre coup d'approche. Une fois sur le vert, évaluez votre coup roulé en regardant derrière la balle.

2 Marchez jusqu'à mi-chemin entre la balle et le trou du côté le plus bas afin d'avoir une meilleure idée de l'importance de la pente et de la distance réelle. Examinez la longueur d'un coup roulé de plusieurs angles afin d'éviter d'être berné par des effets de perspective.

3 Promenez-vous derrière le trou si vous êtes encore incertain et de l'autre côté pour visualiser le coup roulé de tous les angles possibles. Ce processus n'a pas besoin d'être long et peut se faire en plusieurs séquences pendant que vous et vos partenaires de jeu préparez vos coups roulés.

1

2

3

TECHNIQUE DU COUP ROULÉ
– EXERCICE 2

La prise chevauchante inversée

Presque tous les professionnels emploient une prise légèrement différente de leur élan complet pour effectuer leurs coups roulés. Ce changement vise à réduire le mouvement du poignet dans le coup roulé.

1 Formez une prise chevauchante inversée en tenant le bâton comme vous le feriez pour un élan complet.

2 Placez votre index de la main gauche de façon à ce qu'il chevauche les trois premiers doigts de votre main droite. Assurez-vous que vos deux pouces soient orientés verticalement vers le bas de la poignée.

3 Vous devez pratiquer cette prise le plus souvent possible pour que vos mains finissent par devenir la continuation du bâton et vos coups roulés seront frappés beaucoup plus solidement.

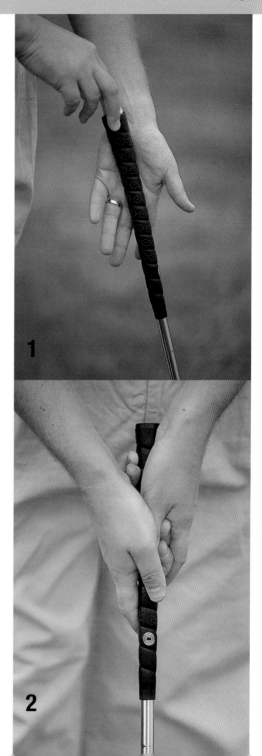

SENTIR SON COUP ROULÉ – EXERCICE 1

Évaluation de la distance

Un coup roulé réussi est la combinaison d'une bonne technique ainsi que d'un bon jugement de ligne et de distance. La plupart des joueurs effectuent trois coups roulés parce que leur premier coup roulé d'approche est trop loin du trou. Bien que rien ne remplace le jeu et la pratique pour s'habituer à ressentir les coups, mais ces exercices vous aideront à accélérer le processus d'apprentissage.

1 Placez un bâton à 45 centimètres (18 pouces) derrière le trou sur le vert de pratique.

2 Assurez-vous d'effectuer votre routine préparatoire aux coups et que vous frappez chaque balle vers le trou et le bâton qui représentent votre objectif.

3 Exercez-vous à envoyer chacune des balles dans la zone comprise entre le trou et le bâton au sol. Cet exercice n'est terminé qu'au moment où vous serez en mesure de frapper dix balles de suite dans la zone située derrière le trou.

1

2

3

SENTIR SON COUP ROULÉ
– EXERCICE 2

Conservez le même rythme

Les coups roulés qui manquent le trou de peu sont souvent le résultat d'un manque de rythme dans l'élan. Lorsqu'il s'agit de coups roulés de courte distance, l'élan est souvent rapide, voire saccadé, alors que pour des coups roulés de longue distance, la montée est souvent plus longue que le dégagé, ce qui produit une décélération de la tête du bâton au moment de l'impact. Maintenez le même rythme, peu importe la longueur de votre coup roulé. Il n'y a que la longueur de la montée et du dégagé qui doivent s'adapter à la longueur du coup.

1 Pour un coup roulé de courte distance, maintenez un rythme fluide et dynamique, même si le coup lui-même peut s'avérer assez court.

2 Pour maintenir votre rythme, votre montée et votre dégagé devraient être environ de la même longueur.

3 Lorsqu'il s'agit d'un coup roulé plus long, vous devez augmenter la longueur du coup des deux côtés de la balle afin de la frapper plus loin. Ne modifiez pas votre rythme, car il n'est pas nécessaire de frapper plus fort.

4 Augmentez la longueur de l'élan pour accroître la rapidité à laquelle le fer droit frappe la balle afin qu'elle atteigne une plus grande distance.

1   2   3   4

SENTIR SON COUP ROULÉ
– EXERCICE 3

Changez d'objectifs pour mieux évaluer la distance

Améliorez rapidement votre capacité à évaluer la distance en visant constamment des objectifs situés à différentes distances. Frappez un long coup roulé suivi d'un coup roulé moyen, puis d'un coup de courte distance. En changeant la longueur de vos coups, vous apprendrez à mieux ressentir la distance.

Il est également important de pratiquer des coups roulés en montée, en descente et de côté sur une base régulière. Toutefois, les verts de pratique sont souvent de niveau et vous devrez consacrer du temps à vous exercer sur un vert en pente durant une période tranquille, possiblement en soirée. Toutefois, souvenez-vous qu'il est interdit en tout temps de pratiquer sur le terrain avant une partie ou des éliminatoires lorsqu'il s'agit d'une partie par coups. (Règles du golf 7-1b). Il n'en demeure pas moins qu'un joueur peut pratiquer sur un terrain de compétition avant une partie lorsqu'il s'agit d'une partie par trou. Ne pratiquez pas votre coup roulé avant une compétition si le vert de pratique n'est pas maintenu à la même vitesse que les verts du parcours lui-même.

COUPS ROULÉS DE COURTE DISTANCE – EXERCICE 1

Gardez la face du fer droit perpendiculaire à la ligne

Une des solutions pour caler la balle avec régularité à courte distance consiste à faire bouger le fer droit de l'avant à l'arrière le long de la ligne sur laquelle vous désirez que la balle roule. Si vous avez l'habitude de laisser le fer droit se déplacer à l'intérieur de la ligne dans la montée, cet élan droit avant-arrière vous semblera inconfortable au départ, mais la précision supplémentaire que vous procurera le maintien de la face du fer droit perpendiculaire à la ligne vous aidera à caler la balle avec plus d'assurance.

1 Choisissez un coup roulé droit d'environ un mètre (trois pieds) sur le vert de pratique et placez quelques bâtons au sol à une largeur légèrement supérieure à celle du fer droit et en ligne droite vers le trou.

2 Frappez quelques coups roulés de pratique et assurez-vous que la tête du fer droit demeure à l'intérieur des tiges. Dans la montée, concentrez-vous à garder la face du fer droit perpendiculaire à votre ligne de visée. Dans le dégagé, le fer droit devrait demeurer à l'intérieur des tiges et vous devriez vous concentrer à maintenir la face du fer droit perpendiculaire au trou.

COUPS ROULÉS DE COURTE DISTANCE – EXERCICE 2

Augmentez votre confiance

Si vous continuez de rater des coups roulés de courte distance, vous pourriez perdre confiance. Cet exercice vous aidera à éviter de vous décourager.

1 Laissez tomber une balle à environ 1 mètre (trois pieds) du trou et demandez à un ami de tenir un autre bâton près du sol. Assurez-vous que la balle et le bâton pointent directement vers le centre du trou.

2 Effectuez votre élan pendant que votre ami tient le bâton en place en vous assurant que votre fer droit repose sur l'extrémité de l'autre bâton.

3 Tracez l'itinéraire de la balle de l'avant à l'arrière, le long de la tige de l'autre bâton et voyez comme il devient simple de caler votre coup roulé.

COUPS ROULÉS DE COURTE DISTANCE – EXERCICE 3

Comment raccourcir votre montée

L'exécution d'une montée trop longue est une des principales raisons pour lesquelles le fer droit perd de la rapidité au moment de frapper la balle. Les golfeurs de haut niveau optent pour un élan arrière plus court que le dégagé, ce qui se traduit par une accélération du mouvement sur la balle et un coup roulé et un roulement plus efficaces.

1 Placez un té à environ 45 centimètres (huit pouces) derrière la balle et frappez quelques coups roulés de distance moyenne.

2 Assurez-vous que le fer droit ne touche pas au té durant l'élan arrière.

3 Frappez avec plus de fermeté au moment de l'impact pour que la balle se rende jusqu'au trou.

Lorsque vous aurez amélioré les aspects techniques de votre jeu, il vous restera à acquérir la maîtrise du parcours. Une stratégie sensée ainsi qu'une planification et une réflexion adéquates sont aussi importantes qu'un élan parfait pour la qualité de votre jeu. La capacité de jouer une partie en toute sécurité sur un parcours de golf en évitant tous les obstacles et en résistant à la tentation de prendre des risques inutiles vous permettra d'exploiter votre potentiel au maximum. Tous les professionnels de haut niveau sont des maîtres tacticiens et vous devriez vous fixer comme objectif de le devenir vous aussi, à votre propre niveau.

Dans cette section, vous vous familiariserez avec des techniques de maîtrise du parcours qui vous aideront à réduire votre pointage vers la fin de votre programme de 10 semaines. Ces techniques sont diverses et vont de la préparation, soit d'arriver suffisamment tôt sur le terrain pour avoir le temps d'effectuer un exercice de réchauffement, à une analyse plus détaillée de la façon la plus efficace d'aborder un trou de normale 3 difficile ou un trou de normale 5 particulièrement imposant. Vous apprendrez en même temps comment préserver votre pointage pendant les premiers trous, à pratiquer le golf pourcentage comme les meilleurs joueurs du circuit professionnel et à élaborer des stratégies pour obtenir le meilleur résultat possible sur n'importe quel type de trou.

Stratégie et maîtrise

Bien que l'amélioration de votre technique dans tous les aspects du jeu vous rapportera certainement des dividendes à long terme, la façon la plus rapide d'améliorer votre pointage consiste à accorder plus d'attention à votre stratégie sur le terrain, ce qu'on appelle communément la maîtrise du parcours. Tous les golfeurs professionnels sont des maîtres tacticiens et cherchent à tirer le meilleur profit possible de tout avantage potentiel que présente un parcours en pensant clairement et positivement avant chaque coup. Vous devez user de prudence et éviter de gaspiller des coups suite à une erreur de stratégie.

Tout comme un bon joueur de snooker ou de billard prépare ses coups à l'avance, un golfeur de haut niveau doit planifier ses coups. Chez les joueurs d'élite, une bonne maîtrise du parcours consiste à envoyer la balle sous le trou sur des verts rapides ou à recourir au bâton qui leur permet de frapper à la distance la plus appropriée. Chez les amateurs, maîtriser le parcours se limite souvent à réduire les dommages. Vous verrez rarement un professionnel de haut niveau tenter d'employer un fer long ou un bois d'allée dans l'herbe très longue ou chercher une balle dans un trou d'arbre, des erreurs de base (fondamentales) que les golfeurs possédant des handicaps élevés commettent trop souvent.

ACQUÉRIR UNE BONNE MAÎTRISE DU PARCOURS COMMENCE AVANT LE PREMIER COUP DE DÉPART

Penser intelligemment ne se limite pas au terrain de golf. La façon dont vous vous préparez pour entreprendre votre partie avant le premier coup de départ joue un rôle important sur votre façon de jouer et sur votre pointage. Voici quelques trucs qui vous permettront de commencer votre partie avec la meilleure disposition d'esprit possible. Arrivez toujours au terrain au moins une demi-heure avant la partie, de manière à disposer du temps nécessaire pour vous inscrire à la boutique du pro, pour vous changer de vêtements et vous réchauffer à votre rythme.

Demandez à des membres du personnel de vous décrire un peu le parcours. Les adjoints des pros se font généralement un plaisir de vous parler des principales caractéristiques du terrain et de vous conseiller sur la meilleure façon d'aborder quelques-uns des trous.

Utilisez le temps dont vous disposez avant la partie pour vous préparer mentalement. Restez calme et assurez-vous que vous avez tout ce qu'il vous faut pour entreprendre le premier trou, notamment la balle, les tés, la carte de pointage, le crayon, le gant et une fourchette à gazon* sous

* Expression recommandée par l'OLF de préférence à réparateur de vert.

ments dans votre technique avant d'effectuer votre premier coup de départ et employez le temps libre avant la partie pour vous délasser les muscles, frapper quelques balles avec chacun des bâtons et évaluer la qualité de votre élan.

Essayez la routine suivante : commencez par frapper quelques coups avec un cocheur d'allée et un cocheur de sable pour vous mettre en confiance, puis continuez à frapper quelques coups avec les différents bâtons de votre sac jusqu'à ce que vous arriviez au bois 1.

Terminez toujours votre séance de réchauffement en vous élançant avec vos cocheurs afin de retrouver la fluidité de votre rythme avant de vous rendre au premier tertre de départ.

Une fois rendu sur le tertre de départ, vous aurez déjà une bonne idée de l'efficacité de votre élan et du type de coup que vous frappez le plus souvent. Vous devez accepter que ce type de coup soit celui que vous adopterez pour la journée et l'utiliser sur le terrain.

FRAPPEZ QUELQUES COUPS ROULÉS LONGS DE PRATIQUE AVANT DE VOUS DIRIGER VERS LE PREMIER TERTRE DE DÉPART

Il est probable que pour les premiers trous du parcours, vos premiers coups roulés sur les verts soient passablement longs. Il serait donc utile de frapper au moins une demi-douzaine de coups roulés de 10 à 12 mètres (30 à 40 pieds) sur le vert de pratique avant de vous diriger vers le premier tertre de départ. Ceci vous permettra de vous familiariser avec la rapidité des verts et d'évaluer la longueur des coups à effectuer pour les coups roulés de longue distance. Ceci vous aidera également à établir un rythme fluide et régulier pour votre coup roulé.

la main. La pire chose à faire lorsque vous attendez votre tour sur le tertre de départ est de commencer à fouiller dans votre sac pour essayer de trouver une balle ou un té.

EXERCEZ-VOUS SUR LE TERRAIN DE PRATIQUE POUR TROUVER VOTRE ÉLAN DU JOUR

Il n'est pas recommandé, le jour d'une compétition de golf ou même avant une partie de golf entre amis, d'aller sur le terrain de pratique pour travailler sur votre élan. Il vaut mieux effectuer vos séances de pratique à l'extérieur du terrain. Résistez à la tentation d'effectuer des change-

ROUTINE D'AVANT PARTIE RECOMMANDÉE

1 Arrivez sur le terrain au moins une demi-heure avant le début de la partie

Les golfeurs amateurs sont reconnus pour arriver sur le terrain quelques secondes seulement avant de se rendre sur le tertre de départ. Quittez la maison suffisamment tôt pour avoir le temps de conduire de façon détendue jusqu'au terrain de golf. De nombreux professionnels aiment écouter de la musique relaxante en conduisant vers le terrain afin de les plonger dans un état d'esprit favorable. Vous pouvez aussi utiliser ce temps pour vous visualiser en train de frapper un excellent coup de départ et jouer votre partie exactement comme vous le désirez.

2 Inscrivez-vous en premier, puis changez de vêtements

Inscrivez-vous toujours à la boutique du pro avant de changer de vêtements ou de faire toute autre chose. Ainsi, vous pourrez vous concentrer uniquement sur votre préparation et vous n'aurez pas la boutique ou à faire la file avant de vous diriger vers le premier tertre de départ.

3 Mettez le contenu de votre sac de golf en ordre

Assurez-vous d'avoir tout ce qu'il faut pour entreprendre le premier trou de façon à ne pas perdre de temps et de l'énergie nerveuse à chercher des accessoires alors que vous devriez vous concentrer sur votre coup.

4 Consacrez dix minutes au réchauffement sur le terrain de pratique

Détendez vos muscles en commençant avec des cocheurs légers et augmentez graduellement le rythme de votre élan jusqu'à ce que vous arriviez au bois 1. Ne modifiez pas votre technique.

5 Consacrez cinq minutes à pratiquer le rythme de votre coup roulé

Tout comme le terrain de pratique n'est pas l'endroit pour remodeler votre élan, le vert de pratique n'est pas le meilleur endroit non plus pour travailler sur la technique de votre coup roulé. Concentrez-vous sur le rythme et à faire rouler votre balle doucement. Effectuez quelques coups roulés de longue distance et terminez en calant plusieurs coups de 60 centimètres (deux pieds).

6 Détendez-vous avant de vous diriger vers le premier tertre de départ

Prenez quelques instants pour vous détendre et rassembler vos pensées avant de vous diriger vers le premier tertre de départ. Ralentissez votre routine de pratique et ne laissez aucune pensée négative vous envahir.

COMMENT SURMONTER LA NERVOSITÉ SUR LE PREMIER TERTRE DE DÉPART

Vous savez probablement pour l'avoir vécu que plus de parties sont gâchées par de mauvais coups dans les premiers trous que par tout autre problème relatif au terrain, y compris les obstacles. Ceci est très facile à comprendre, vu que le coup de départ s'avère souvent anxiogène, mais bien qu'il n'existe aucune garantie de réussir un coup de départ formidable, il y a plusieurs moyens de vous faciliter la tâche.

La première chose à retenir, c'est que tous les golfeurs vivent la même chose et qu'aucune personne n'est à l'abri de la nervosité, ni même Tiger Woods ou Nick Faldo. Vous devez canaliser cette énergie nerveuse de façon à ce qu'elle vous serve au lieu de vous nuire. Voici quelques trucs qui vous aideront à surmonter l'anxiété du premier tertre de départ:

❶ Assurez-vous que vous êtes suffisamment réchauffé avant de vous diriger vers le premier tertre de départ afin d'être détendu.

❷ Utilisez le temps que vous êtes sur le tertre de départ pour visualiser le coup parfait que vous désirez jouer. Ne vous laissez pas envahir par des pensées négatives.

❸ Ralentissez le rythme de votre routine d'exercices d'avant partie afin de compenser pour le fait que vous serez porté à accélérer instinctivement vos gestes en raison de la nervosité.

❹ Conformez-vous à votre routine préparatoire aux coups. Le fait de répéter les mêmes séries de mouvements aura l'effet de vous calmer.

❺ Concentrez-vous sur un objectif de petite dimension afin de donner un ordre spécifique à votre cerveau et de réduire votre marge d'erreur.

❻ Pour terminer, vérifiez la pression de votre prise avant d'amorcer votre élan. Tout comme vous précipiterez votre série d'exercices si vous êtes nerveux,vous serez porté à tenir le bâton avec plus de fermeté et la tension se répercutera dans tout votre corps. Desserrez votre prise et détendez vos avant-bras.

NE PRENEZ PAS DE RISQUES INUTILES DANS LES PREMIERS TROUS

Les premiers trous d'un parcours donnent le ton à la partie. Si vous commencez du mauvais pied, vous vous mettrez de la pression, car il vous faudra compenser pour ces coups ratés et vous serez porté à jouer plus agressivement et vous risquerez d'être inutilement téméraire.

Les trois ou quatre premiers trous vous permettent de vous familiariser petit à petit avec le parcours et vous mettent dans l'atmosphère de la partie, tout en évaluant la qualité de vos coups pendant que vos muscles se délassent et que vous aiguisez votre coordination œil-main. Si vous parvenez à éviter de frapper plus d'un mauvais coup à chacun des trous que vous jouerez durant la première demi-heure de la partie, il est probable que vous serez en mesure de capitaliser sur une certaine assurance et d'améliorer votre jeu au fur et à mesure de la partie. Toutefois, ne laissez pas un surplus de confiance obscurcir votre jugement quant au choix des coups à jouer et des risques à prendre et n'oubliez pas de maintenir votre rythme.

LES PRINCIPES DE BASE DU GOLF POURCENTAGE

Le golf pourcentage ne semble pas le sujet le plus emballant qui soit dans l'univers du golf, mais il s'agit probablement de l'aspect le plus important du jeu pour un golfeur amateur. Le fait de savoir à quel moment effectuer des coups de récupération et plus important encore, savoir résister à la tentation de les effectuer peut faire une différence importante au niveau du pointage.

La philosophie de Colin Montgomerie concernant la maîtrise du parcours est simple, mais très efficace. Elle consiste à jouer de telle sorte que le pire résultat sur n'importe quel trou du parcours soit un boguey. Cela ne veut pas dire qu'il accepte d'emblée l'idée de perdre un coup chaque fois que sa balle se trouve dans une position difficile, loin de là, mais plutôt de s'assurer qu'en cas de coup raté, il ait la certitude que le coup suivant ne le place pas dans une situation encore plus difficile. Ainsi, advenant que son coup de départ se retrouve dans un arbre et qu'il croit ne pas être en mesure d'atteindre le vert avec son prochain coup, il n'essaiera pas d'effectuer une récupération miraculeuse et optera pour une stratégie lui permettant de jouer la normale. Généralement, il jouera la balle dans l'allée dans une position où il dispose des meilleures chances possibles d'atteindre le drapeau.

ASTUCE

DIVISEZ CHAQUE PARTIE EN SIX PARTIES MINIATURES

Un excellent moyen de ne pas penser à vos mauvais coups et de maintenir votre concentration consiste à diviser votre partie en six séries de trois trous et de vous fixer un nombre de coups spécifiques pour chacune des séries de trois trous. C'est une tactique employée notamment par le golfeur suédois Per-Ulrik Johansson (qui a participé à la coupe Ryder) lorsqu'il participe à des tournois. Il se donne comme objectif de terminer chaque série de trois trous avec 1 coup sous la normale. Ainsi, advenant qu'il termine les trois premiers trous avec 2 coups au-dessus de la normale, il peut oublier cette série pour se concentrer sur les trois prochains trous. En supposant qu'il obtienne des oiselets à ses trois premiers trous, il ne peut pas se dire que sa bonne fortune doit tirer à sa fin, car il ne doit pas penser à ce qu'il a déjà accompli, mais bien se concentrer sur un nouvel objectif.

Si vous possédez un handicap élevé, fixez-vous comme objectif de terminer chaque série de trois trous avec trois coups au-dessus de la normale. Si vous possédez un handicap moyen, il sera plus réaliste de vous fixer un objectif de 2 coups au-dessus de la normale. Toutefois, si votre handicap se situe tout juste au-dessus du chiffre magique de dix, nous vous recommandons de vous fixer comme objectif de jouer 1 coup au-dessus de la normale et les trois autres en obtenant 2 coups au-dessus de la normale.

Assurez-vous que cet objectif soit réaliste et qu'une fois en mesure de l'atteindre sur une base régulière, vous puissiez vous fixer des objectifs plus élevés afin de relever un nouveau défi.

APPRENDRE L'ART
D'OBTENIR UN BON POINTAGE

Le golf peut s'avérer un sport bizarre en ce sens que certains jours il vous est difficile de réussir de bons coups, de trouver la zone idéale de frappe peu importe le bâton et que vous ratez vos coups roulés peu importe la distance. Toutefois, lorsque vous faites le calcul de vos coups, vous constatez que vous avez joué quelques coups sous votre handicap. En d'autres occasions, vous contrôlez parfaitement votre élan, frappez la balle solidement, mais vous n'arrivez pas à mettre la balle dans le trou et vous quittez le terrain avec un pointage décevant qui ne reflète pas la qualité de votre jeu.

Les golfeurs professionnels sont maîtres dans l'art de transformer une partie médiocre en bonne partie et vous devez apprendre à faire de même en fonction de votre propre niveau. Tout comme Tiger Woods réussit souvent à transformer un pointage de 72, plutôt ordinaire en un 69, plus intéressant, vous devez apprendre à transformer vos parties de 84 et 85 coups en parties de 80 et 81 coups. C'est ce qu'on appelle se forger un pointage.

COMMENT PLANIFIER VOTRE PARTIE

La stratégie joue un rôle capital au golf, mais les golfeurs amateurs ont tendance à sous-estimer son importance. En effet, ils accordent peu d'attention à la manière dont ils sont sensés aborder un trou lorsqu'ils sont sur le tertre de départ. En revanche, presque tous les professionnels de haut niveau disposent d'un plan de match détaillé pour chaque partie et savent exactement ce qu'ils ont à faire pour chacun des trous.

En supposant que vous jouez presque toujours sur le même terrain, vous êtes dans une situation idéale pour mettre au point un plan similaire de votre propre cru en vue de votre prochaine partie. Commencez par à la manière dont vous jouez normalement chacun des trous et demandez-vous s'il y a une meilleure façon de le faire. S'il y a un ou plusieurs trous qui vous donnent particulièrement du fil à retordre, demandez-vous si ces difficultés sont le résultat d'une mauvaise stratégie ou s'il s'agit simplement de malchance. Il y a fort à parier qu'il s'agit davantage de mauvaise stratégie que de malchance.

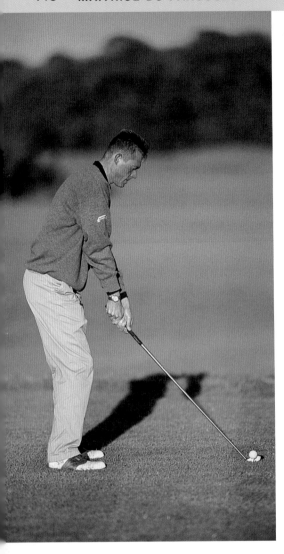

que trou avant de décider quel bâton choisir et la ligne de visée à adopter à partir du tertre de départ. Dans la plupart des cas, ils fonctionnent à l'envers, soit du vert au tertre de départ, commençant le processus mental en localisant l'emplacement du drapeau sur le vert. Ils évaluent ensuite de quel angle ils désirent s'attaquer au vert à partir de leur coup d'approche, puis décideront du bâton à utiliser pour atteindre cette position sur le vert. Ils tenteront également d'évaluer comment éviter tout obstacle potentiel. La dernière partie du programme consiste à déterminer exactement le lieu où ils placeront la balle sur le tertre de départ à l'intérieur des repères.

Tout ce processus de réflexion ne devrait prendre que quelques secondes, mais il peut faire la différence entre jouer la normale et au moins un coup raté.

Vous devriez également utiliser le cœfficient de difficulté indiqué sur la carte de pointage pour planifier votre partie et réduire la pression.

Il est important de prendre conscience du fait qu'il n'est pas nécessaire de jouer parfaitement pour réaliser un handicap inférieur à 10. Sur les neuf trous les plus difficiles du parcours, soit les neuf premiers sur la carte de pointage, il est presque inévitable que vous ratiez un coup. Ce sont les trous où vous devriez accorder le plus d'attention à votre maîtrise du parcours, car si un boguey est un coup acceptable, si vous réussissez à jouer la normale, vous détiendrez un coup d'avance sur la carte de pointage, ce qui pourrait vous être fort utile plus tard dans la partie.

En ce qui a trait au cœfficient de difficulté des trous un à neuf, le filet de sécurité d'un coup signifie que vous pouvez vous permettre de devenir un peu plus agressif dans votre jeu. Toutefois, nous vous recommandons de modérer cet enthousiasme pour ne pas prendre de risques inutiles.

Si c'est le cas, adoptez une stratégie différente la prochaine fois que vous jouerez, question de changer vos habitudes.

TRAVAILLEZ DE REBOURS, SOIT DU VERT AU TERTRE DE DÉPART POUR ÉLABORER VOTRE STRATÉGIE

La plupart des professionnels observent attentivement la forme et les caractéristiques de cha-

STRATÉGIES POUR
LES TROUS À NORMALE 3

Capitaliser sur les trous à normale 3 est l'un des secrets pour maintenir un bon pointage. Si vous pouvez jouer la normale sur tous les trous à normale 3 du parcours, ce qui est accessible à la plupart des golfeurs, vous êtes en mesure de réaliser un pointage intéressant.

ÉVITEZ À TOUT PRIX LA COMPLAISANCE
L'aspect le plus important à retenir lorsque vous jouez un trou à normale 3 est d'éviter de tomber dans le piège consistant à présumer que vous allez réussir la normale uniquement parce qu'il s'agit d'un trou relativement court.

La complaisance est la principale cause des coups ratés sur les trous à normale 3. Les golfeurs expérimentés sont conscients que les verts des trous à normale 3 sont souvent de petite dimension et protégés par des fosses de sable, de l'eau ou des pentes et, par conséquent, ils passent plus de temps à penser au bâton à choisir et à la stratégie à adopter pour ces trous que pour des trous à normale 4 et 5 qui semblent plus difficiles.

PLANIFIER ET JOUER
LES TROUS À NORMALE 3

1 Ne présumez pas que vous réussirez à jouer la normale uniquement parce que la distance est courte.

2 Ne visez pas un drapeau caché derrière une fosse de sable ou de l'eau.

3 Essayez de localiser les obstacles.

4 Recherchez les zones sécuritaires sur les trous à normale 3 de plus longue distance.

5 Si vous savez qu'il vous est impossible d'atteindre le vert, n'essayez pas.

SUR LES LONGS TROUS À NORMALE 3, RECHERCHEZ LES ZONES SÉCURITAIRES

Il est vraisemblable que certains trous plus longs à normale 3, surtout ceux qui comptent près de 228 mètres (250 verges) à partir de la zone de départ arrière, s'avèrent parfois hors de portée, même pour des joueurs aguerris. Ceux qui aménagent les parcours en sont conscients et prévoient toujours une zone de sécurité à l'intention des joueurs qui frappent moins loin et qui possèdent des handicaps plus élevés dans la configuration du trou. Quelquefois, ces zones ne sont pas toujours visibles au premier coup d'œil, mais si vous regardez attentivement, il se trouve généralement une zone à proximité du trou où vous pouvez jouer en toute sécurité en gardant votre balle à l'écart des obstacles qui entourent le vert.

Dans ce contexte, il faut prendre garde de ne pas tomber dans le piège classique consistant à céder à la pression des compagnons de jeu ou laisser votre ego prendre le dessus en insistant pour essayer d'atteindre le vert, alors que vous savez que c'est impossible. Un coup dirigé dans la zone sécuritaire, suivi d'un coup d'approche bien exécuté augmentera vos possibilités de jouer la normale ou, dans le pire des cas, d'obtenir un boguey. Un élan fougueux sur le tertre de départ avec un bâton à face droite pourrait vous placer dans l'embarras.

SUR LES TROUS À NORMALE 3 DE COURTE DISTANCE, LE CHOIX DU BÂTON EST LA CLÉ POUR ATTEINDRE LE VERT

Quand on pense à quelques-uns des trous les plus ardus du golf professionnel, bien des gens sont surpris de constater qu'il s'agit de trous à normale 3 : le célèbre 17e trou de Sawgrass, en Floride ne compte que 128 mètres (140 verges) de longueur ; le 12e trou du Augusta National du tournoi des Maîtres compte normalement 142 mètres (155 verges) ; le timbre postal de Troon, lui, mesure 115 mètres (126 verges) du tertre de départ au vert. Tous ces trous peuvent causer des problèmes aux golfeurs, car ils les obligent à faire preuve d'une grande précision dès le tertre de départ.

Les trous à normale 3 de courte distance sont toujours entourés de fosses de sable profondes,

ASTUCE

POURQUOI UN BOGUEY N'EST PAS TOUJOURS UN MAUVAIS RÉSULTAT POUR UN TROU À NORMALE 3

L'une des expressions préférées de Colin Montgomerie consiste à dire qu'un boguey fait augmenter lentement le pointage d'une partie, mais qu'un double boguey le fait augmenter très rapidement. Rien n'est plus frustrant que d'obtenir un double boguey et par conséquent cinq coups sur un trou à normale 3. Il s'agit d'une véritable étourderie, car il y a moyen d'éviter cette situation qui est normalement causée par une erreur sur le tertre de départ combinée à un mauvais choix pour le deuxième coup. Voici quelques conseils qui vous aideront à éviter cette situation.

1 Si vous frappez un mauvais coup de départ sur un trou à normale 3, assurez-vous que votre second coup se retrouve en toute sécurité sur le vert.

2 Il n'est absolument pas nécessaire de viser directement le trou et de prendre ainsi des risques inutiles.

3 Frappez la balle sur le vert, puis effectuez deux coups roulés pour terminer votre trou sans nuire à votre carte de pointage.

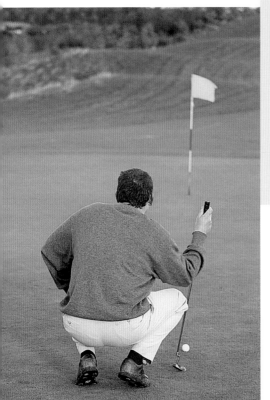

d'eau ou d'herbe longue, ce qui fait de la sélection du bâton un élément extrêmement important. Prenez en compte la direction et la force du vent et essayez de repérer les principales sources de difficultés. Dans la majorité des cas, les obstacles sont situés en face du vert et il est donc préférable d'opter pour un bâton puissant pour effectuer le coup de départ. Ainsi, un coup mal frappé peut tout de même atteindre le vert.

STRATÉGIES POUR
LES TROUS À NORMALE 4

Stratégies pour les trous à normale 4

Ces trous varient d'une longueur allant de 230 à 430 mètres (251 à 470 verges) et il apparaît évident qu'il n'existe pas de stratégie définie pour s'attaquer à un trou à normale 4.

La meilleure façon de jouer un trou à normale 4, peu importe sa longueur, consiste à jouer de façon sécuritaire sur le tertre de départ. Sur les trous à normale 4 les plus longs, vous devez effectuer des coups longs et droits pour espérer jouer la normale, alors que sur des trous moins longs, c'est la précision qui doit primer et qui, si vous avez la main heureuse, peut parfois vous mériter un oiselet.

Sur les trous à normale 4 de courte distance, si la distance est votre principal atout, visez le vert,

sinon soyez très prudent sur le tertre de départ, quitte à frapper un autre coup complet pour atteindre le vert.

Il existe une école de pensée qui préconise l'emploi d'un fer long ou d'un bois d'allée plutôt qu'un bois de départ pour obtenir de la précision sur les trous à normale 4 de courte distance. Bien que cela puisse être vrai dans certains cas, l'observation de cette affirmation radicale peut nuire davantage à votre pointage que l'améliorer.

La raison pour laquelle beaucoup d'entraîneurs préconisent la précision sur le tertre de départ pour les trous à normale 4 de courte distance, c'est que les trous d'une longueur de 240 à 290 mètres (260 à 320 verges) sont souvent conçus pour compliquer la vie aux golfeurs qui tentent de frapper leurs coups de départ le plus près possible du vert. L'allée est généralement très étroite et la zone de réception se rétrécit parfois en approchant du vert, ce qui rend plus difficile la tâche de garder la balle en jeu à partir du tertre de départ. En revanche, la surface du coup roulé est susceptible d'être de dimension réduite et entourée de fosses de sable et d'autres obstacles.

Il existe une autre façon d'envisager cette situation, à savoir que la longueur et la précision sont les meilleurs outils qui soient sur le tertre de départ et que laisser le bois 1 de côté et frapper la balle près du vert permet de réduire la pression sur votre jeu de courte distance et vous donne la possibilité de frapper trois coups supplémentaires pour terminer votre trou et jouer la normale. Il existe aussi la possibilité, mince mais potentielle, de réussir un oiselet au moyen d'un coup d'approche régulier ou lobé particulièrement précis.

Toutefois, la stratégie décrite précédemment n'est valable que si vous frappez de longs coups. Si vos coups de départ sont courts ou imprécis, le jeu n'en vaut pas la chandelle, car vous devrez frapper plus fort pour atteindre cet objectif et généralement, le résultat est décevant.

Pour les golfeurs moins puissants ou moins réguliers, il reste l'option d'un coup fluide avec un fer long ou de frapper avec un bois d'allée en direction de la partie la plus large de l'allée pour viser ensuite le vert.

SUR LES TROUS LONGS À NORMALE 4, PRÉFÉREZ TOUJOURS LA PRÉCISION À LA PUISSANCE

La plupart des trous à normale 4 les plus longs d'un parcours sont vraisemblablement compris dans la catégorie de un à dix en termes de cœfficient de difficulté, ce qui signifie que vous devriez bénéficier d'un coup de handicap sur la plupart sinon sur tous ces trous. Analysez bien la carte de pointage avant de commencer la partie et notez les endroits comportant des handicaps.

PLANIFIER ET JOUER LES TROUS À NORMALE 4

1 Examinez toujours le plan du parcours ou les panneaux indiquant les distances sur les tertres de départ pour obtenir de l'information concernant le trou.

2 Planifiez votre coup de départ de manière à éviter de frapper inutilement la balle dans les obstacles des allées.

3 S'il s'agit d'un trou de courte distance, vérifiez où se trouvent les obstacles.

4 Sur les trous à normale 4 de courte distance, jouez selon vos compétences. Les joueurs qui frappent loin et avec précision peuvent envoyer la balle le plus près possible du vert et les joueurs qui frappent moins loin doivent user de stratégie.

5 Sur un trou à normale 4 de longue distance possédant un cœfficient de difficulté bas, chacun des coups devient important. Abordez ce trou comme s'il s'agissait d'un trou à normale 5 pour diminuer la pression.

6 Si vous êtes capable de frapper la balle à égalité du trou, votre jeu de courte distance sera moins ardu.

La dernière chose à faire lorsque vous vous trouvez sur le tertre de départ d'un trou de 410 mètres (450 verges) est d'envisager le coup de départ le plus long possible. Si vous pensez qu'il s'agit d'un trou difficile à jouer avant d'effectuer votre coup de départ, dites-vous que ce sera encore plus difficile lorsque vous devrez utiliser un coup d'approche sur les côtés de l'allée et qu'il vous restera environ 255 mètres (280 verges) avant d'atteindre le vert.

Au niveau des statistiques, les trous à normale 4 de longue distance sont ceux qui donnent le plus de fil à retordre aux golfeurs. Ainsi, peu importe que vous soyez un frappeur de courte ou de longue distance, vous devez faire de la précision votre priorité principale. Pour les frappeurs de longue distance, un élan plus fluide est susceptible de produire un meilleur contact avec la balle et d'assurer une assez grande distance. En revanche, les golfeurs qui frappent la balle à des distances moindres pourront garder la balle en jeu à partir du tertre de départ et seront en mesure de jouer leur deuxième coup dans l'allée plutôt que dans l'herbe longue ou dans les arbres. Souvenez-vous qu'un boguey est un résultat acceptable sur un trou à normale 4 difficile.

STRATÉGIES POUR JOUER UN TROU À NORMALE 5

Stratégies pour jouer un trou à normale 5

Les professionnels de haut niveau voient les trous à normale 5 comme des occasions d'obtenir un oiselet, ce qui leur permet de gagner un coup sur la carte de pointage. Les golfeurs amateurs ne sont pas en reste, eux non plus, puisque la plus longue distance leur donne une marge d'erreur faible et la possibilité de récupérer un coup de départ ou un deuxième coup raté. Les trous à normale 5 de courte distance offrent plus de possibilités de jouer la normale en étant prudent, de même qu'un oiselet à l'occasion. Tout comme pour les trous à normale 3, la façon dont vous jouez les trous à normale 5 exerce une influence sur votre pointage à la fin de la partie. Si vous pouvez vous limiter à ne pas faire pire que la normale sur chacun des trous de longue distance, ce dont vous êtes sûrement capable, vous obtiendrez de bons résultats.

COMMENÇONS PAR LE DÉBUT –
LA DISTANCE ET LE NIVEAU DE DIFFICULTÉ DU TROU DÉTERMINENT LA STRATÉGIE À ADOPTER SUR LE TERTRE DE DÉPART

Une des premières choses à évaluer au moment d'établir votre stratégie pour jouer un trou à normale 5 concerne vos chances d'atteindre le vert ou ses environs en deux coups. Si vous êtes un frappeur de longue distance et que le trou est relativement court et en ligne droite, l'utilisation d'un bois 1 sur le tertre de départ est un risque calculé qui peut s'avérer payant, car vous pourriez atteindre le vert avec votre deuxième coup, ce qui représente une bonne occasion de réaliser un oiselet ou, au pire, de jouer la normale.

Toutefois, s'il s'agit d'un monstrueux trou coudé de 500 mètres (550 verges), il faudra compter trois coups pour vous rendre sur le vert, sauf si vous êtes un professionnel de haut niveau. Si c'est le cas, vous disposez de plusieurs options sur le tertre de départ. La plupart des golfeurs pensent qu'ils doivent employer un bois 1 sur un trou à normale 5 de longue distance, mais c'est loin d'être le cas. Bien qu'un fer long ou un bois d'allée pourrait vous laisser à 25 ou 35 mètres (30 ou 40 verges) derrière l'allée comparativement au bois 1, vous avez de meilleures chances d'atteindre l'allée et comme vous ne pourrez atteindre le vert en deux coups de toute façon, la distance additionnelle obtenue sur le tertre de départ ne joue pas un rôle très important. Vous pourrez atteindre cette distance avec vos deux coups suivants.

À titre d'expérience, la prochaine fois que vous jouerez sur un trou à normale 5 de longue distance, résistez à la tentation d'employer un bois 1 pour effectuer votre coup de départ et constatez-

en les résultats sur votre pointage. Je parie que vous trouverez ce trou plus facile que prévu.

SI VOUS N'ATTEIGNEZ PAS LE VERT EN DEUX COUPS, DÉPOSEZ VOTRE BALLE

Une stratégie courante chez les joueurs d'élite pour les trous à normale 5, lorsqu'ils sont certains de ne pouvoir atteindre le vert avec leur deuxième coup, consiste à déposer leur balle à une bonne distance du trou, de manière à pouvoir effectuer leur troisième coup avec leur bâton favori, généralement un cocheur d'allée ou un fer 9. Ces joueurs savent qu'ils sont capables d'envoyer la balle à une distance de trois mètres (dix pieds) ou moins de la coupe à partir d'une distance de 90 mètres (100 verges) avec ce bâton. Ainsi, même si le fait d'utiliser son bâton préféré est perçu comme un jeu sécuritaire, lorsque vous jouez à la mesure de vos capacités, il s'agit d'une stratégie offensive.

Déposer la balle est également une stratégie sensée qui vous permet de frapper un coup complet en direction du vert. Il arrive souvent, en visant le vert avec un deuxième coup sur un trou à normale 5, qu'un golfeur manque son coup et qu'il se retrouve à effectuer un coup d'approche dans une position inconfortable, dans une fosse de sable ou dans l'eau et il faut alors beaucoup d'habileté pour réussir à envoyer la balle près du trou. Si votre balle est plus loin du trou, vous pourrez alors effectuer un élan complet en recourant à votre bâton préféré.

APPRENEZ À CONTRÔLER LE JEU À UNE DISTANCE DE 65 MÈTRES (70 VERGES) ET MOINS AFIN DE MAÎTRISER LES TROUS DE LONGUE DISTANCE

Dans la majorité des cas, un golfeur amateur se trouve hors de portée en deux coups sur un trou à normale 5. Par conséquent, votre troisième coup en direction du vert devra être effectué à une distance de 35 à 70 mètres (40 à 80 verges). C'est une distance à laquelle les meilleurs golfeurs professionnels sont extrêmement précis. À cette distance, un joueur de haut niveau sera déçu s'il n'envoie pas la balle à 2 mètres ou 2,5 mètres (sept ou huit pieds) du trou ou même plus près sur certains coups d'approche lobés de courte distance.

La qualité des coups d'approche lobés est le secret pour bien jouer sur des trous à normale 5. Il n'est pas nécessaire que vous soyez précis comme les professionnels, mais il est important que vous développiez la capacité d'évaluer la distance avec exactitude afin que vos coups d'approche lobés se retrouvent sur le vert à chaque fois. En théorie, tout cela semble bien simple, mais vous seriez étonné de constater le nombre de golfeurs, en incluant ceux dont le handicap est bas, qui sont incapables de frapper leur coup d'approche sur le vert et qui laissent leur balle loin du vert, simplement parce qu'ils ne savent pas quelle longueur d'élan exécuter pour atteindre la distance requise. Consultez le plan du terrain, s'il

y en a un, et calculez la distance jusqu'au vert afin de déterminer la longueur de votre coup.

Si vous réussissez à envoyer chacun de vos coups d'approche lobés sur la surface du vert, puis à terminer le trou avec deux coups roulés, vous noterez une différence importante dans votre pointage.

PLANIFIER ET JOUER LES TROUS À NORMALE 5

1 Comme pour les trous à normale 3, ne tombez pas dans le piège de la complaisance en présumant que vous réussirez à jouer la normale, surtout sur les trous à normale 5 de courte distance.

2 Déterminez si vous êtes en mesure d'atteindre le vert ou de vous en approcher en deux coups.

3 S'il est réaliste de viser le trou en deux coups, prenez une chance avec votre bois 1.

4 Si la distance est trop longue pour viser le trou en deux coups, choisissez la précision plutôt que la puissance sur le tertre de départ.

5 Déposez votre coup en employant votre bâton préféré lorsque vous planifiez votre second coup sur un trou long.

6 Ne paniquez pas si vous êtes en difficulté. Servez-vous de la longueur du trou et du coup supplémentaire pour remettre votre balle en jeu.

7 Assurez-vous que vos coups d'approche lobés se rendent sur le vert.

INDEX

REMERCIEMENTS

Directeur de projet Trevor Davies
Rédactrice Charlotte Wilson
Directeur artistique adjoint Geoff Fennell
Directeur de la production Ian Paton
Directrice, archives photographiques Jennifer Veall

REMERCIEMENTS POUR LES PHOTOS

PHOTOGRAPHIE SPÉCIALE ©OCTOPUS PUBLISHING GROUP
LIMITED/Mark Newcombe.
AUTRES PHOTOGRAPHIES OCTOPUS PUBLISHING GROUP
LIMITED/Angus Murray 51, 80 photo de gauche, 108,
111, 141, 142, 148 photo du haut.

VOS STATISTIQUES ☐ TROU

Coup dans l'allée
☐ OUI ☐ NON ☐ SANS OBJET
Vert en temps   réglementaire
☐ OUI ☐ NON
Coup d'approche/coup de départ à proximité
☐ OUI ☐ NON
Coup d'approche en hauteur et près du sol
☐ OUI ☐ NON ☐ SANS OBJET
Coup d'approche à 1,5 mètre (cinq pieds)
   ou moins du trou et coup roulé réussi
☐ OUI ☐ NON ☐ SANS OBJET
Coups d'approche à 1,5 mètre (cinq pieds)
   ou moins du trou et coup roulé raté
☐ OUI ☐ NON ☐ SANS OBJET
Sortie d'une fosse de sable en deux coups
☐ OUI ☐ NON ☐ SANS OBJET
Sortie d'une fosse de sable en trois coups
☐ OUI ☐ NON ☐ SANS OBJET
Total de coups roulés
Trois coups roulés ☐ OUI ☐ NON
Trois coups roulés de longue distance
☐ OUI ☐ NON ☐ SANS OBJET

Trois coups roulés de courte distance
☐ OUI ☐ NON ☐ SANS OBJET
Coup d'approche à proximité du trou
☐ OUI ☐ NON ☐ SANS OBJET
Coup roulé réussi à 3 mètres (dix pieds)
   ou moins du trou
☐ OUI ☐ NON ☐ SANS OBJET
Coup roulé réussi à une distance
   de 3 mètres à 6 mètres (10 à 20 pieds)
☐ OUI ☐ NON
Coup roulé de courte distance raté
☐ OUI ☐ NON
Coup d'approche lobé joué
☐ OUI ☐ NON
Coups lobés pour sortir d'une fosse
   de sable avec balle calée en deux coups
☐ OUI ☐ NON ☐ SANS OBJET
Coups lobés pour sortir d'une fosse
   de sable avec balle calée en trois coups
☐ OUI ☐ NON ☐ SANS OBJET

RENDEMENT GLOBAL

Total des 18 trous:
Coups dans les allées:
Verts en temps réglementaire:
Total de coups roulés:
Coups d'approche
   à proximité du vert:

Total de coups roulés en trois:
Nombre de revirements:
Coups récupérés
   dans la fosse de sable:
Coups d'approche lobés récupérés:
Coups roulés de courte distance ratés:

NOTES ET FAITS MARQUANTS DE LA PARTIE
DANS L'ENSEMBLE   FAITS MARQUANTS DE LA PARTIE